W Thinking

NO라고 생각할 때 YES를 의식하라!

도서출판 서훈

W Thinking

NO라고 생각할 때
YES를 의식하라!

초판 인쇄 · 2015년 5월 23일
초판 발행 · 2015년 5월 30일
저　자 · 김주원
발행인 · 고우용
발행처 · 도서출판 서훈
그　림 · 하수진
사진작가 · 문영미(M style Studio)
스타일리스트 · 오민재

출판등록 · 제 1997-000139 호
등록일 · 1997년 11월 25일
주　소 · 서울특별시 마포구 동교로 49-1
전　화 · 02) 324-6577
팩　스 · 02) 324-6177
홈페이지 · www.choolpansa.com
ISBN · 978-89-6249-086-2 03810

정　가 · 17,000원

W Thinking

NO라고 생각할 때 YES를 의식하라!

성공으로 이끄는 **49**가지 지혜

불확실한 미래를 위한 개인 경쟁력!
매순간의 선택, 하지만 선택하지 않을 권리도 있다.
창의! 비판! 바로 이것이 지혜트레이닝 W Thking 이다!

앎과 삶의 연결을 위한
지혜연구가 김주원의 49가지 메시지!

도서출판 서훈

Contents _차례

이분법의 사고를 뛰어넘어
Beyond dichotomous way of My thinking

Wisdom Training
삶을 위한 49가지 지혜

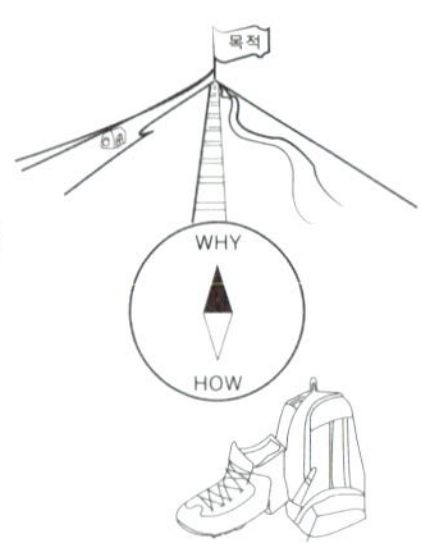

Prologue _들어가며

내 아들 7살에 두 발 자전거를 가르쳤다. 아니, 가르쳐야 했다.

아이는 세발에서 두발로 자전거를 바꿔 타야 했고(친구들이 다 두발을 타니 자신도 그래야 한단다) 부모인 나는 두발 자전거를 가르쳐야 했다.

뒤에서 넘어지지 않게 잡아주고 오르막길 밀어주고 내리막길 위험하다 소리치고... 는 하지 않았다.

'10번 넘어지면 그냥 타게 돼. 두려워하지 말고 그냥 넘어져'

단순했다.

두발 자전거를 타려면 우선 잘 넘어져야 했다.

아이는 넘어지는 것이 자전거를 타기 위한 과정이라는 단순한 진리대로 잘 넘어지기 위해 두려움과 맞서야 했고 한두 번 넘어짐을 익힌 후 두려움이 용기로 변하는 과정을 겪었다.

용기 앞에 두 발 자전거는 별 게 아니었다. 정말 10번을 넘어지니 타게 됐다. 별로 다친 데도 없었고 시간도 오래 걸리지 않았다.

타야 했던 두발 자전거를 타게 된 것이다. 해야 하는 것을 하게 된 것이다. 목표을 이룬 것이다. 의무를 다한 것이다. 이제 의무를 다했으니 권리를 누려도 된다. 넘어짐의 '의무'를 통해 자전거를 신나게 타는 '권리'를 누리게 된 아들.

삶은 이렇게 넘어짐을 통해 신나는 결과를 얻어내는 연속이다. 두려움 투성이 앞에 용기를 갖다 붙이면 많은 것들을 해낼 수 있다. 의무를 다해내면 권리를 누릴 수 있고 그것이 진정한 자유(Liberty)다. 해낸 자에게

오롯이 돌아오는 진정한 자유는 결국, 의무를 다 한 자만이 맛볼 수 있는 그 것, 바로, '성취'라는 보상이다.

넘어짐이라는 아프고 두렵고 피하고 싶은 '부정' 뒤에 신나게 양발을 옆으로 벌리고 달릴 수 있는 자전거의 쾌감을 누리는, 갖고 싶었던 신나고 재미난 '긍정'이 따라온다.

비단 자전거뿐이랴.

축구를 잘하기 위해선 운동장 10바퀴를 거뜬히 뛸 수 있어야 했다. 스키를 타기 위해서 넘어지고 일어나고에 능숙해야 했으며, 영어로 말하기 위해 단어를 숱하게 외워야 했고, 수학을 익히기 위해 구구단을 외우고 방정식을 풀어내야 했다.

'보여지는 결과'뿐만 아니다.

친구와 진정한 관계를 위해선 싸우고 화해하고를 반복해야 하고 정신이 멋진 청년이 되기 위해선 사춘기의 아픔을 절절히 겪어내야 한다.

건강한 육체를 갖기 위해선 먹기 싫지만 먹어야 할 음식들을 섭취해야 하고 지겹고 하기 싫은 운동도 해야 한다.

그래서 나는 이렇게 정리한다.

'아프고 두렵고 피하고 싶은 것(부정)'은 '갖고 싶고 신나고 재미난 것(긍정)'과 순차적으로 맞닿아 따라오는 것.

하지만 이를 삶 전체를 통해 관조할 때는 동시에 일어나는 현상.

즉, 순차성과 동시성이 공존하는 것이라고...

두 발 자전거를 탄다는 현상에는 '아프고 두렵고 피하고 싶은 것'과

'갖고 싶고 신나고 재미난 것'이 동시에 존재하며 아프고 피하고 싶은 것 다음에 신나고 재미난 것이 이어서 오는. 동시성과 순차성의 공존한다. 이것이 삶이다.

학문적으로도 이러한 대립되는 개념이 각각의 극에서 순차적으로 나타나는 것에 대해 '양가성(Ambivalence)은 최적의 타협물'(도널드 캠벨 Donal Campbell,1990)이라는 논리로 언급하고 있으며 이러한 개념으로 행동의 결과를 예측해 본다면, 중간적 행동을 이루는 것보다 오히려 상반된 행동보전시스템을 가질 때 체계에 적응하는 데 있어 더 적합하며 더 적응성이 잘 유지될 수 있다고 한다[1].

일어나는 현상의 모든 것에는 이유가 있으며, 이유가 있다는 것은 인과관계에 의해 원인과 결과가 나타난다는 것이기에 우리 삶의 순간순간 벌어지는 모든 것들은 그 이유에 따른 결과로 삶이 진행된다.

그런데. 앞서 말한 대로 순차적이면서 동시에 일어나는 수많은 이분법 현상들의 삶에서 내가 좀 더 넓은 안목을 가진 깊이 있는 의식을 통해 삶을 관조할 수 있는 의식구조를 갖게 되면 순차적으로 일어나는 현상을 전체 안에서 동시에 일어나는 현상으로 예측해, 보다 지혜(Wisdom)로운 선택과 결정을 할 수 있다는 의미가 된다.

즉, 결정이란 것은 결과를 내포하기에 나를 둘러싼 모든 현상에서의 인과관계를 내가 지혜롭게 이끌어갈 수 있게 된다.

1) Kim S. Cameran. 2003, 긍정조직학, POS북스

엄마 좋아, 아빠 좋아?

자장면 먹을래, 짬뽕 먹을래?

남자는 파랑, 여자는 분홍.

남자는 씩씩, 여자는 청순.

어른은 이래야 하고 아이는 저래야 하고.

남편은.. 부인은..

상사는.. 부하직원은..

진보와 보수, 가진 자와 못가진 자, 선생과 학생..

우리 사회는, 아니, 우리 개인은 대부분 이렇게 나도 모르는 새 주입되어 버린 통념에 의해 둘로 나눠진 이분법적인 사고에 익숙해져 있다.

하지만 내가 인식하는 것들을 과감하게 들여다보면 이 가운데 내가 스스로 만든 사고는 거의 없다는 것을 알게 된다. 나에게 주어진 환경에 의해 나도 모르게 주입된 사고들이 대부분인 것을 알게 되는 순간,

아차! 내가 내 삶을 사는 것이 아니구나...

아차! 내가 내가 아니구나...

아차! 내가 이렇게 편협된 안경으로 세상을 봤구나...

아차! 그래서 이제 이렇게 살면 안되는 거구나...

아차! 내 자식은 이렇게 키우면 안되겠구나...로 생각이 확장되는 것이다.

이러한 논리로 본서는 나도 모르게 나에게 익숙해져 있는 이분법적 사고를 언급하고 그에 따른 배제된 사고를 끌어내 통합적이고 입체적인 사고의 성장, 즉 의식(Consciousness)의 확장으로 안내할 것이다.

그런데 왜! 지금 이러한 사고가 절실히 요구되는 걸까?

불확실의 시대, 예측불가의 시대, 급변의 시대, 경계의 무너짐, 기계와 인간의 공존, 인간성의 정체, 가족의 해체, 조직의 경쟁력 약화 등 지금의 시대는 임계점의 시대이며, 전환(Flip)의 시대라는 것에 어느 누구도 부정할 순 없을 것이다.

앞으로 보다 다차원적이고 복합적인 사회가 펼쳐질 것이기에 그 어느 때보다 창의와 융합이 요구되는 시대. 이러한 시대에 살아가야 할 개개인, 그리고 우리의 다음 세대를 위해 왜 지금 이러한 통합적인 사고가 필요한지 우리 모두 숙고해 의식확장(Expanding Consciousness)을 해나가야 한다.

그 방법의 하나로 본서에서 언급한 이분법을 뛰어넘는 양가적(ambivalence)인 입체적 사고는 불확실한 사회, 광속도로 변해가는 전환기의 현 시점에서 삶의 새로운 방향(Way)을 찾는, 잘 살아내는 삶(well-being)의 우선적 대안임을 제안한다.

저자는 본서에서 'W Movement'를 향한 의미있는 첫 행보를 시작할 것이다. 'W Movement'란 일종의 신계몽운동이라 할 수 있다.

Wide한 급변의 세상(World), 변화와 성장이 요구되는 이 시대에 지식만으로는 더 이상 경쟁력은 없다. 이제는 Wisdom의 실천이 요구되는 세상이다.

불안한 미래, 경계없는 전지구적(Globalization) 환경에서 우선 나는 나의 삶의 목적(Why)은 무엇인지 스스로에게 되묻고 나의 삶의 방향(Way)을 설정해야 한다. 이를 통해 과연 나는 무엇으로 먹고 살 것인지(Work) 행해야 하고 나의 바람(Wish)을 이루기 위해 나와 가족, 조직의 비중(Weight)에 균형을 이뤄나가야 한다.

이제는 삶의 부분이 아닌 삶 전체(Whole)를 통찰하는 사고가 요구되는 시대다. 현 사회를 직시한 개개인은 자신의 진정성을 바탕으로 관조된 삶의 흐름(Wave)을 인지하며 타인과 더불어(With) 살아가기 위한 움직임(W Movement)을 시작해야 한다.

이것이 바로 새로운(neW) 시대, 새로운 삶을 위한 혁신(reneW)이며 바로 지금(noW)이 그 시기다.

결국, W Movement는 나뿐만 아니라 나 아닌 모든 이의 '잘 사는 삶(Well-being)'을 위한 운동으로 전개되어야 한다.

이러한 운동의 제 1선에 저자는 저서 'Mother Movement'(김윤희[2], 2014, 서훈출판)를 통해 여성(Woman)이 퍼스트 펭귄이 될 것을 제안했었다. 지금은 fliping(뒤집어지는) 시대다. W(Woman)를 뒤집으면 M(Man)이 되듯 결국, W Movement는 여성 남성, 어른 아이를 뛰어넘어 우리 모두 개개인이 자신의 삶에 있어 성장(groWth)을 가져오고자 하는 실천운동으로 펼쳐져야 한다는 데 그 의미가 있다 하겠다.

W Movement은 그래서, 3가지의 공통목적, 공유가치를 추구하고자 하는데 Wisdom, Virtue, Balance가 그것이다.

연전연승(Winning victory after victory), 즉 'W = V+V'로서 W는 단순, 지식차원을 너머 복합, 다면적 차원의 Wisdom이라는 목적가치를 추구한다. 인간 내면(Consciousness)을 통한 개인과 조직(가족을 비롯한 사회전반)의 시너지(Synergy)를 이뤄내는 Creativity, 즉, Wisdom은 현 시대에 꼭 필요한 인간의 능력이라 할 수 있다[3].

2) 김윤희는 김주원의 개명 전 이름이다.

'나'의 성장은 가정, 조직, 사회적 성장의 시작이다. '진정한 나'의 성장을 위한 체인지 메이커로서의 W는 다양한 환경 속에서 개인의 깊이 있는 의식에 집중하여 개개인의 가치(Human Virtue)를 목적으로 두고 혼자가 아닌 공공(We all live With)의 진정성을 추구하고자 한다. 또한 Virtue는 Wisdom의 윤리적 차원을 이해하는 것이다[4].

마지막으로 현시대를 반영하는 Key가운데 하나인 Flip(뒤집어지는).

전통과 현대, 물질과 정신, 동양과 서양, 인간과 기계, 남성성과 여성성, 이 모든 것이 플립되기에 진정한 융합과 소통이 요구되고 이를 위한 여성성의 상징인 포용성과 포괄적 사고는 개인의 핵심역량으로 부각되고 있다.

이제는 전체(Whole)의식으로 W와 M이 함께 융합되어 균형(Balance)를 이뤄내야 한다.

본서에서는 개인의 3가지 공유목적(Wisdom, Virtue, Balance)을 가진 'W'의 실천을 위한 우선과제로 우리가 생활 속에서 익숙하게 알고 있던 통념을 깨는, 이분법으로 가려진 배제된 사고를 인지하고자 제안한다.

다시 말해, 지금까지의 나의 인식에 가려진 그림자(Shadow) 사고를 끌어내고자 하는 것이다.

Wisdom에 대한 학문적인 연구는 크게 Baltes와 Sternberg라는 두 명의 학자를 중심으로 크게 두 줄기를 이루고 있는데 특히, 미국의 심리학자 Robert Sternberg는 '균형(Balancing)'은 동시에 대립된 상황에 대

3, 4) Tom Lombardo(2009)는 Understanding and teaching future consciousness(On the horizon, Vol,17. No,2.)에서 의식(Consciousness)은 곧 Wisdom이며 이는 Creativity와 Imaginations에서 실천적인 관점과 의식확장(Mind-Expanding)의 모두를 의미한다고 언급했다.

해 사고할 수 있고 수용하고 대처할 수 있는 모든 것을 포함한 변증과 역설의 관점(The terms of dialectics or paradoxes)에서 생각하는 것이 Wisdom이라고 강조하면서 이런 이유로 Wisdom은 사회의 공공의 선(Common good)을 위해 필요한 능력이라고 언급했다. 앞으로 우리가 살아가게 될 사회는 필연적으로 '더불어' 사는 협력적 공유사회다. 조직의 경계가 희미해지고 개개인의 경쟁력이 더욱 필요해지면서 동시에 IOT로 가속도가 붙은 네트워크 시대, 공유의 시대이다. 이러한 사회를 살아가야 하기에 Wisdom은 나와 나 아닌 모든 것을 연결해주고 공감해주는 능력임에 틀림없을 것이다.

Thomas Gilbert의 '파급효과(Diffusion of effect)'에 의하면 세상의 모든 것은 모든 것에 영향을 미치며 아르헨티나 대문호 보르헤스(Jorge Francisco Isidoro Luis Borges, 1899)가 말한 '모든 것은 모든 것과 연결되어 있는' 것이기에 나를 위한 것이 나 아닌 모두를 위한 공공의 선(Common Good)이 되어야 하는 의식의 공유는 더없이 필요한 가치가 되는 것이다.

다시 말해, 이분법적인 사고를 지양하고 배제된 사고를 이끌어내는 양가적인 사고로의 의식확장이야말로 개인에게 통찰적, 융복합적, 창의적, 비판적 사고를 이끌어 내어 개인의 삶에서의 성장을 가져올 수 있는 훌륭한 교육훈련(Training)이다. 게다가 개인의 성장은 가족의 성장, 조직의 성장, 사회 전체의 성장으로 이어질 것이 자명하다. 때문에 W사고는 전체론적인(Wholism)사고인 것이다.

바라건데 본서의 개념들을 소개함으로써 개인의 사고의 확장을 통해 개개인이 유능해지는 것은 물론이고 이러한 개인이 많아져 현재 우리가 떠안고 있는 다양한 분야의 문제의식을 공유하며 앞으로 더 나은 사회, 질 높은 사회를 만들어 나가는데 이바지 하고자 한다.

이분법의 사고를 뛰어넘어

Beyond dichotomous way of My thinking

이분법적 사고(dichotomous thinking)

이분법의 사전적 정의는 크게 3가지다. 중 · 고등학교 생물시간에 배운 대로 생물에 관련해서는 단세포생물이 둘로 나뉘어 번식하는 생식방법을 말하는 것으로서 이들 생식방법은 기후나 온도, 성비에 따른 개체수의 불균등에도 불구하고 어느 환경에서도 스스로 세대를 영속시킬 수 있는 아주 효율적인 방법이다. 논리적으로는 서로 배척되는 두 개의 구분지(區分肢)로 정의된다. 수학에서의 이분법 역시 근이 반드시 존재하는 폐구간을 이분한 후에 이중근이 존재하는 하위 폐구간을 선택하는 것을 반복함으로써 근을 찾아가는 알고리즘을 말한다.

이러한 사전적 정의를 기반으로 현재 이분법은 나와 너, 남성과 여성, 주류와 비주류, 이성과 감성 등의 양분화는 잣대로 적용되면서 자신에게 유리한 쪽으로 집단화하는, 어찌 보면 자기합리화의 방편으로 활용된다고 할 수 있다.

물론 물리적 현상에는 이분법은 분명 존재한다.

남성과 여성. 생물학적으로 분명 그 중간이란 존재할 수 없다(다소 논쟁의 여지는 있겠지만). 물과 얼음. 액체는 물이고 고체는 얼음이다.

1더하기 1은 2. 분명 수학적으로 2는 정답이고 나머지는 오답이다.

하지만 물리적인 현상이 아닌, 삶에서, 사회에서 양분된 수많은 이분법들, 가령, 주류와 비주류, 이성과 감성, 선과 악, 보수와 진보 등 수많은 이분법적 잣대로 구분된 양면적인 사상과 현상들에 있어 이 둘을 정확히 가를 수 있는 확실한 잣대가 존재한단 말인가?

아마 이도저도 어떤 답을 할 수 없을 것이다.

1+1은 분명 2라는 명확한 수학적 정답이 있다.

하지만 '왜 세월호 사건이 일어났는가?'

여기에는 정확한 정답과 오답이 존재할 수 없다.

나는 왜 지금 이 일을 하고 있으며 너는 왜 그 사람을 만나고 있으며 우리는 왜 창의를 키우려 노력하며 왜 우리 사회는 이토록 불안한 것이며 왜 세상에는 전쟁이 끊이지 않는 것이며 왜 가진 자는 못 가진 자를 위해 나눠야 하는 것이며......

나의 삶은, 우리가 살고 있는 사회는 정량화된 현상을 넘어서서 깊이 있는 통찰적 사고를 요하는 중요한 판단들이 대부분이다.

이렇게 우리의 삶과 삶을 둘러싼 환경에서는 이분법으로 설명할 수 없는 논제들이 대다수다. 이는 인과관계와 유기적 상호관계를 모두 포함한 전체적인 삶에서 도출되는 현명(Wisdom)한 사고를 요하고 있다.

'관점(Paradigm)'에 따라 그 어떤 것도 정답일 수 있다.

정답이든 오답이든 잣대 없는 기준으로 설정된 나의 인식이, 나의 관점이 어떠하냐에 따라 나의 사고는 판단되고 행동으로 발현된다.

결국, 어떠한 현상을 파악하고 판단하기 위해서는 통념에 의해 주입된 인식, 즉, 이분법적 사고를 뛰어넘는 '본질'에 충실한 이분법의 극과 극을 모두 포함한 양가적 사고를 함께 가져야 지혜(Wisdom)로운 판단과 선택이 가능하다. 아니, 양가적 사고로 판단된 선택이 지혜(Wise)롭다.

즉, 이분법으로 나뉠 수 있는 정확한 지식의 잣대가 아닌, 이럴 수도 저럴 수도 있는, 이쪽에서의 +, -, 반대쪽에서의 +, -를 모두 고려해야 하는 지혜(Wisdom)가 필요한 것이다.

과거에도 그랬지만 현 시점에서 우리의 삶은 더더욱 지식을 넘어 지혜(Wisdom)의 요구가 강해진다. 또한 **Wisdom은 의식(Consciousness)이자 창의(Creativity)와 같은 의미로 해석**할 수 있기에 지금 우리가 Wisdom을 키울 수 있는 하나의 방법인 이분법적 사고를 뛰어넘는 의식확장(Expanding Consciousness)은 창의(Creativity)를 이끌고 현 사회문제를 직접적으로 고민하는 실천방법을 논하는 것이라고 감히 말할 수 있다.

이분법은 때로는 믿을 수 없을 만큼 강력한 사고의 틀을 제공한다. 둘을 또 둘로 쪼개면 넷, 넷 각각을 둘로 쪼개서 8진법, 넷을 셋을 쪼개서 12진법이 만들어졌다. 이 밖에 과학과 수학에서도 엄청난 위력을 발휘했는데 모든 정보를 0과 1만의 2진법 조합으로 표현할 수 있다는 20세기 정보이론의 철학적 기반도 이러한 이분법적 사고의 결실이다[1].

그런데 현대사회는 과학적이고 논리적인 사고가 수많은 사실과 정보(Data and information)로 엄청나게 쏟아지고 있고 각 분야의 경계는 무너졌으며 기존의 당연했던 것들이 당연하지 않게 되고, 당연하지 않았던 것들이 당연한 사실로 다가오는, 예측불허, 불확실의 시대다.

이러한 사회에서 사람들은 **자신이 알고 있는 것, 자신이 생각하고 있던 것, 자신이 임하고 있던 현장의 숙련된 노동만으로는 더 이상 이성적이고 주도적인 존재로서 삶을 이끌 수 없다는 것을 인정**해야 한다.

베버는 개인의 창조성과 자율성이 마비되는 근대사회를 '곧 합리성의 쇠감옥'이라고 언급한 바 있다. 이성의 기능 중 한 가지인 가치합리성이

1) 박용덕, 이분법 논리에 가두어진 사회. 2008. 10.13.

마비되면, 인간이 만들어 놓은 것들, 예를 들어, 돈, 기계, 조직체계 등이 인간보다 앞서는 현상이 나타나게 되는 주객전도의 인간소외현상이 만연하게 된다고 말했다. 다시 말해, 합리성이라는 '형식주의'는 인간의 자율성과 창조성을 꼼짝못하게 묶어버리게 되는, 인간성이 부정되는 쇠감옥이라는 의미다.

이제 우리는 과.감.한. 패러다임의 전환(Paradigm Shifting)을 이뤄내야 한다. 한쪽이 '백'이면 다른 쪽은 '흑'이어야 하는, '흑'은 '백'을, '백'은 '흑'을 비방하고 대립하는, 이러한 이분법적 사고가 아닌,

흑과 백 전체를 아우르는 과.감.한. 패러다임의 확장이 지금 요구되는 패러다임의 전환(Paradigm Shifting)이다.

흑과 백이라는 양면이 '순차적으로 동시에 공존'해야 함을 인정하고 Wise하게 판단해 내는 패러다임을 나의 사고체계에 주입시켜야 한다.

과.감.한. 패러다임의 전환이란 '이쪽에서 저쪽으로, 여기서 저기로'가 아니다. 이쪽은 이쪽에서, 저쪽은 저쪽에서 자기 자리를 지키면서 대립점을 포용하는, 통합적이고 입체적이고 전체적인 패러다임으로의 확장을 말하는 것이다.

사회는 이쪽과 저쪽, 좌우를 모두 포함 및 인정한 균형(Balance)을 유지할 때 정상적이고 안정적으로 지속가능하다. 이제 내가 알던 것과 내가 알지 못했던 것의 균형, 한쪽만을 고집하던 나의 틀을 깸으로써 대립점에 배제되어 보지 못했던(그림자) 자신의 사고를 바라보는 진정한 양가적 효율성과 안정성을 잡아나갈 때다.

이분법의 생물학적인 과정을 보면 단세포 생물의 경우 이분열을 거듭해 갈수록 세포는 점차 작아지고 어느 한도까지 작아지게 되면 갑자기 원형질이 증대하여 묵은 껍데기를 벗고 원형질과 세포벽을 증대시켜 원

래의 크기로 돌아간다.

사회에서 인식되고 벌어져온 이분법적인 사고와 현상도 마찬가지다.

이분법으로 사고하는 것에 익숙해지면 결국, 사고의 크기는 절반, 그 절반의 절반으로 계속 축소되다가 인생의 흐름 어딘가에서 현상의 본질에서 벗어남을 깨달았을 때 묵은 껍데기를 벗고 원래의 통합적인 사고를 이끌어내는 전체적, 입체적 사고로 확장될 수 있다. 다시 말해, 이분법적인 사고에 익숙했던 자아가 본질적인 현상과 만나 깨달음을 얻었을 때 결국, 통합적이면서 입체적인 사고로 다시 태어날 수 있고, 그렇게 태어나야 함을 의미한다고 할 수 있다.

삶을 통째로 본다

삶을 통째로 본다.

'인간'이라는 생명체는 '삶'이라는 도구를 잘 활용하면 '잘 사는 삶'을 이룰 수 있다.

다시 말해, 도구의 사용법을 처음부터 끝까지 제대로 알면 잘 활용할 수 있듯이 '삶'이라는 도구의 속성을 제대로 알면 잘 살아내는 삶을 이룰 수 있기에 삶을 전체, 통째로 보는 훈련은 필요하다.

지금 이 순간 나의 삶을 보자.

40년을 살았으니 40년이라는 과거가 존재하고 앞으로 살아갈 수십 년의 미래가 존재한다.

현재는?

현재란 어떤 의미에서는 1초도 안 되는 순간의 찰나라고 볼 때 결국 내 삶은 과거와 미래의 총체라고 말할 수 있다.

또는 삶은 과거와 미래가 없이 현재만 계속 이어진다고도 할 수 있다.

과거는 이미 봤고 경험했고 느꼈고 판단한, 결과가 나온 수많았던 단기 목표들로 구성된 과정의 총체며

미래는 보이지 않고 경험하지 못했고 느낄 수 없으며 수많은 판단이 남아있는 장기적인 궁극의 목적을 향해 나아가야 할 전략의 총체다.

그렇다면 '삶을 통째로 본다.'는 어떤 의미일까?

삶 = 과거 + 미래

보이던 것에서 보이지 않는 것을 봐야 하고 경험했던 것에서 경험할 것들을 예측해내야 하며 판단의 결과에서 선택의 전략을 구상해내야 바로 삶을 통째로 보는(관조할 수 있는) 것이다.

이분법을 배제한 양가성 사고, 즉 W적 사고여야 가능하다.

조금 더 축약해서 말해보자.

인간의 삶, 즉 생애(Lifetime)에는 발달과업이 있다.

발달과업(Development task)이란 인간의 삶에 있어 특정 발달 단계에서 반드시 달성해야 하는, 개인의 정상적인 성장과 발달을 이루기 위해 반드시 필요한 과제를 의미한다.

가령 태아기, 영유아기, 학령기, 청년기, 장년기, 노년기로 구분지어 볼 때 각 과정마다의 목적이 존재하고 그 목적을 이루기 위한 과업(Task)이 존재한다.

발달과업을 제안한 Havighurst는 "개인이 특정시기에 과업을 제대로 성취하면 행복한 삶을 영위할 수 있고 이후 주어진 과업도 제대로 성공할 확률이 있지만 만일 과업을 이루지 못하면 불행해지며, 사회로부터 인정받을 수 없게 되고 그 이후 주어지는 과업의 성취에도 어려움을 겪게 된다."고 하였다.

다시 말해 과업을 제대로 수행해 내야 제대로 된 인간발달을 이룬다고 할 수 있는데 과업이란 이런 것이다. 가령 태아기를 예를 들면 엄마 뱃속에서 각 신체부위들이 자라나야 하고 성의 구별이 가능해져야 하며 소화기관의 활동도 시작되어야 한다. 또한 엄마와의 상호작용을 통해 사람으로서의 기본적인 형태를 갖춘 하나의 생명체로 자라나야 하는 것이다.

그럼 다시 삶을 통째로 본다. 의 의미로 돌아가 이야기를 전개해 보자.

삶을 통째로 본다는 것은 결국 엄마 뱃속에서의 나로부터 죽는 그 순간까지의 나를 총체적으로 본다의 의미와 같다. 그러려면 태아기를 잘 지내왔는지 영유아기, 학령기를 통해 나의 노년기까지를 하나의 방향으로 의미있게 행보하고 있는지를 알 수 있어야 한다.

결국, 지나온 삶과 앞으로의 삶. **본 것과 봐야 할 것, 경험한 것과 해야 할 것, 아는 것과 알아야 할 것 등, 내가 보고 듣고 알고 느꼈던(느끼게 될) 것 + 보지도 듣지도 알지도 느끼지도 못했던 배제된(못할 배제될) 것까지 꿰고 있어야 삶을 통째로 보고 관조**할 수 있는 것이다.

이것이 바로 내 삶을 건강하게(Well-being) 만들어 나갈 수 있는 Wisdom이며 W적 사고다.

그러니, 이제 내가 보고 듣고 겪었던 것만 옳다고 믿고 따르고 그렇지 않는 것들은 배제해 버리는 이분법적 사고가 아니라 내가 보고 듣고 겪었고 옳다고 믿고 따랐던 대립점에는 '어떠한 현상이 베제되었을까?'를 의식(Awareness)해내고 사고(Thinking)할 수 있어야 한다.

그게 바로 양가적 사고이며 통찰적, 비판적인 창의적 사고이다.

이분법적 사고에는 당연히 옳고 그름, 본 것과 보지 못한 것 등에서의 경계(틀)가 존재할 것이고 W적 사고는 당연히 경계(틀)가 없다.

즉, 관점이 자유롭고 포괄적이며 포용적일 수밖에 없다.

포괄적이니 입체적으로 사고가 용이하고 다름을 인정할 수 있으며 더 지혜(Wisdom)로운 판단이 가능하다.

결국, 창의(Creativity)로울 것이며 미래사회의 인재이고 기계우위에 설 수 있는 삶의 대안을 찾아 자신의 삶을 통째로 잘 살아낼 수 있는 능력자가 될 수 있다.

우리는 이제 이분법을 뛰어넘은, 내가 알고 있던 사고의 반대편에 배제되어 있던 사고를 칼 융이 말한 '그림자(Shadow)'로 인지하도록 하자.

내가 알던 사고와 알지 못했던 그림자적 사고.

이 양면을 모두 포함한 W 사고.

W 사고를 다시 한 번 정리하면 지금껏 보고 듣고 알고 느껴 판단한 것들의 대립점의 배제된 사고를 인지해 통(전체, Whole)으로 현상을 읽어낼 수 있는 통찰적 사고체계다.

이러한 W 사고는 대립점에서 상반되게 존재하는 것들을 통찰할 수 있고 삶을 통째로 볼 때 순차적이면서 동시에 진행된다는 것을 알 수 있다. 결국, 어떤 한쪽을 선택하면 한쪽이 배제된 것이 아니라 과거 또는 미래에 배제된 것이 다시 지금 선택에 놓이게 되기에 결국 대립점의 양면을 모두 선택하는 것과 같다는 의미다. 무엇을 먼저 선택하고 배제할 것인지가 결국 선택의 잣대여야지 한쪽만을 선택한다는 논리가 아닌 것이다.

그래서, W 사고는 지혜(Wisdom)이며 이분법적으로 모 아니면 도.가 아닌, 다른 차원에서 펼쳐지는 선택이고 결정이다.

당연하지 않은가. 보이는 것에서 보이지 않는 것까지 연계되고 경험했던 것에서 경험해야 할 것들로 이어지며 내가 아는 것에서 모르는 것까지 감안해서 판단하게 되는데 당연히 훨씬 지혜로운 판단과 결정으로 이뤄진 '자신의 삶'을 살 수 있는 것이다.

이제 '자신의 삶'을 보다 풍성(flourishing)하게 만들기 위해선 현명하고 지혜(Wisdom)로운 선택과 결정을 해야 한다는, 진부하지만 당연한 말에 우리는 좀 더 실천적(practical)인 의미를 부여해 보고자 한다.

우리가 통상적으로 알고 있던 개념들을 이분법으로 나열하고 배제된 사고를 끌어내어 이를 통해 결국 양면이 같은 개념임을 인지하도록 하자.

이는 인식된 사고와 그림자로 가려진 사고를 동시에 인지해 순차적으로 선택하고 결정하는 힘, 즉, 통찰적 사고이자 의식확장, 지혜(Wisdom)를 모두 내포한 W 사고를 길러줄 것이다.

다음 장에서는 49쌍의 단어를 나열할 것이다.

사전적이거나 해석적인 의미로는 대립(또는 모순)의 개념으로 인식되어 온 단어들이지만 가만히 단어가 가진 다른 차원에서의 해석을 들여다보면 각각의 단어들이 갖는 의미는 개체로서 독립적이고 의미부여가 가능하지만 결코 혼자서는 존재 불가능함을 알 수 있게 된다.

하나의 단어가 가진 개념은 대립점에 위치하는 단어와 함께 존재할 때 더 큰 차원에서의 의미부여가 가능하고 이분법이 갖는 1,2차원이 아닌, 복합적이면서 다면적 차원에서 시너지를 일으킬 수 있다는 것을 알게 될 것이다.

결국, 한쪽 방향으로만 가지고 있는 지금까지의 자신의 통념이 여실히 무너짐을 경험하면서 지금 자신을 둘러싸고 일어나는 현상조차도 대립점에 존재하는 그림자를 위한 과정임을 깨닫게 되어 보다 지금의 현상에 대한 깊이 있는 이해와 통찰을 이뤄나갈 수 있게 된다.

마지막으로 본론으로 들어가기 전에 다음 장을 읽어나가는 데 있어 다음의 내용을 전제로 이해해 주길 바란다.

1 자신의 편견을 깨는 과정은 실로 자기파괴적일 수 있을 것이다. 하지만 그러한 감정과 대립하기보단 그냥 그대로 마음 한켠에 놓아두길 바란다. 언젠간 자신도 모르게 그대로 인정하게 될 날이 올 것이기 때문이다.

2 진부한 말로 인식된다면 진부함 그 자체가 자신의 틀이니 진부함을 자신의 현실에 대입해 머리 속에 구조적인 그림을 그려나가면서 읽어본다면 진부함에 녹아들어 있는 진정한 깨달음과 만나게 될 것이다.

3 주어진 한 쌍의 단어들은 사전적으로 또는 통상적으로 대립되는 개념들로 두 단어는 하나하나의 개체로서 독립적이지만 다른 차원에서 해석된다면 함께 존재할 때 의미있는 이란성 쌍둥이와 같다고 할 수 있다. 다시 말해 하나의 단어로 따로 쓰일 때는 상대 단어가 그림자로 숨어 있다는 것을 의미한다. 때문에 이 두 단어를 함께 생각하면 훨씬 시너지가 날 수 있는, 모습은 전혀 다르고 달리 쓰여지지만 같은 의미로 해석될 수 있다는 의미다. 예를 들어 현상에는 보이지 않는 본질을 담고 있기에 본질을 알고 현상을 해석한다면 다른 차원의 해석이 나올 수 있는 것과 같다.

4 마지막으로 가장 중요한 것은 본서의 목적이다. 여러번 언급한, 본서에서 서로 대립점의 단어들을 나열해 이들이 결국 함께 존재할 때 다른 차원의 해석이 가능하다는 것을 제시하는 것은 결국, 보이지 않는 그림자에 대한 사고를 돕는 훈련과정(Training process)으로 인식하기 바란다. 보이는 것에서 보이지 않는 것으로의 확대된 통합적 사고를 기르기 위한 하나의 방법으로 다음 장을 읽어 내려가는 과정을 겪음으로서 마지막 책장을 덮을 때는 현 시점의 자신을 다른 차원에서 들여다보는 경이로움을 경험할 수 있을 것이며 그러하길 바라는 바이다.

W Thinking

NO라고 생각할 때
YES를 의식하라!

W Training

삶을 위한 49가지 지혜

01

Wisdom Training

이상 vs 현실

꿈을 꾸는 자는 꿈을 이룰 것이다!

꿈을 꾸는 자가 꿈을 이룬다?

현실을 직시하는 자가 꿈을 이룬다!

그렇다.

현실(실재, 實在)을 모르는 이상(理想)은 허상(虛像)이다.

사전적 의미로 이상(理想)은 현실의 반대개념으로 정의된다.

꿈은 꾸.는. 것이고

현실은 이.루.는. 것이다.

그래서 현실이 없는 이상은 꿈을 꾸는 것에 불과하며 이상이 없는 현실은 방향없는 실천이다. 멋진 외제승용차를 타는 꿈으로 승용차를 구입했지만 막상 면허증도, 가야할 곳도 모르는 격이다.

결국 꿈(이상)과 현실은 동시에 존재하는 것이며 순차적으로 실행되는 것이다.

이상(꿈)과 현실은 대립점에 위치하는 반대개념의 사전적 정의를 뛰어넘어 해석되어질 수 있는데 이상(理想)은 현실없이는 이룰 수 없고 현실 역시 이상(理想)없이는 그저 길 잃은 현상일 뿐임을 의미한다.

이상을 이루기 위해 가고자 하는 길은 일단 현실에서 움직여야 한다. 움직이지도 않으면서 가고 싶은 길은 꿈 속의, 가상의 길이다. 그러니 꿈과 이상을 이루려면 현실을 실천하면서 이상도, 꿈도 만들어 나가야 한다.

어찌어찌하다 보니 꿈을 이룬 사람도 있을 것이고 아무리 노력하지만 꿈을 이루지 못하는 사람도 있을 것이다. 사람들은 그래서 '운'을 이야기하고 '재수'를 말한다.

하지만 과연 그럴까? '좋은 운'을 만나 '재수좋게' 꿈을 이룬 사람의 경우, 어쩌면 잠깐 동안의 꿈을 꾸는 것일지도 모른다. 내가 꾸는 꿈이 그저 보이는 직업에 불과하다면 꿈을 이뤘다라고도 할 수 있겠지만 여기서 말하고자 하는 꿈은 이상(理想), 즉, 바라고자 하는 모든 것, 현실에서 이루고자 하는 목적을 의미한다.

직업은 자신의 자아실현을 위한 하나의 방법이며 이상은 직업이라는 방법을 통해 삶에서 이루고자 하는 그 무언가를 의미한다. 그러하기에 '운 좋게', '재수좋게'는 자신이 못 느꼈을 뿐 자신의 가치를 쫓는 삶을 살고 있었음을 의미하는 겸손의 표현일 수 있다.

꿈을 꾸는 것, 자신의 자아실현을 이루는 것은 매우 중요하다. 아니, 삶의 궁극의 목적이다.

이러한 큰 그림을 위해 현실에서 움직이지 않는다면 꿈은 꿈으로만 존재하며, 현실은 과거로 흘러가 버린다.

이상과 현실.

함께 공존해야 가치가 있다.

이상이 있어야 현실을 움직일 동력이 나오고 현실에서 움직여야 이상을 실현할 수 있기에 이상과 현실은 동시에 실천되고 순차적으로 이룰 수 있다.

환상 속의 그대

서 태 지

결코 시간이 멈추어질순 없다
무엇을 망설이나 되는 것은 단지 하나 뿐인데
바로 지금이 그대에게 유일한 순간이며
바로 여기가 단지 그대에게 유일한 장소이다

환상 속에 그대가 있다
모든 것이 이제 다 무너지고 있어도
환상 속에 아직 그대가 있다
지금 자신의 모습은 진짜가 아니라고 말한다

단지 그것 뿐인가 그대가 바라는 그것은
아무도 그대에게 관심을 두지 않는다
그대는 새로워야 한다
아름다운 모습으로 바꾸고
새롭게 도전하자

그대의 환상 그대는 마음만 대단하다
그 마음은 위험하다

자신은 오직 꼭 잘 될 거라고 큰 소리로 말하고 있다
하지만 지금 그대가 살고 있는 모습은 무엇일까

환상 속에 그대가 있다
모든 것이 이제 다 무너지고 있어도
환상 속에 아직 그대가 있다
지금 자신의 모습은 진짜가 아니라고 말한다

세상은 빨리 돌아가고 있다
시간은 그대를 위해 멈추어 기다리지 않는다
사람들은 그대의 머리 위로 뛰어 다니고
그대는 방 한구석에 앉아 쉽게 인생을 얘기하려 한다

환상 속에 그대가 있다
모든 것이 이제 다 무너지고 있어도
환상 속에 아직 그대가 있다
지금 자신의 모습은 진짜가 아니라고 말한다

환상속에 그대가 있다.

연근과 연꽃은
하나입니다.
연근은 진흙 속에서
연꽃을 피웁니다.

02 Wisdom Training

선택 VS 후회

후회없는 선택.

우리는 모두 '후회없는 선택'을 원하고 기대한다.

하지만 선택에는 반드시 후회가 따르는 법.

결국, 선택이란 '곧 따라올 후회'까지도 선택하는 것이다.

이런 표현이 가능할 지 모르지만 '후회를 예측[1)]하고 선택한 선택에만 후회가 없다.' 고 말할 수 있다.

후회를 예측했기에 후회마저도, 선택한 것에 대한 당연한 과정으로 받아들일 수 있는 것이다.

이제 우리 모두는 '후회없는 선택'이 아닌,

'후회를 예측한 선택'을 할 필요가 있다.

---

1) 예측과 예상은 다르다. 측량될 수 있는 기준을 가지고 내다보는 것은 예측이며 상상으로 내다보는 것은 예상이다. 결국, 예측은 적중확률이 높을 수 있고 보다 객관적일 수 있지만 예상은 허무하게 끝나버릴 가능성이 크다. 그래서 우리는 예상보다 예측의 힘을 길러야 한다.

그래서 자신의 선택에 대한 미련이나 반복되는 실수를 최대한 줄이는 것이다. 혹 어떤 이는, 어떤 상황에서 '난 아무 선택도 안했는데' 라고 말할 지 모른다. 아무 선택도 안했기 때문에 아무 의무도 없고 아무 책임도 없다는 것이다.

아니다.

'아무 선택도 안한', 바로 그 선택을 한 것이기에 그는 아무런 의무와 책임도 없고, 따라서 권리도 없다.

우리는 매순간순간 '후회를 동반한 선택'을 한다.

선택을 하느냐, 안하느냐. 가 아니라 선택을 하되 후회를 예측한 선택이냐 그렇지 않은 선택이냐.가 존재하는 것이다.

선택은 내 삶을 순간에서 영원으로 이끌어가는 연속된 행위다.

그래서 '후회를 예측한 선택'을 통해 보다 Wisdom한 삶을 그려갈 수 있을 것이다.

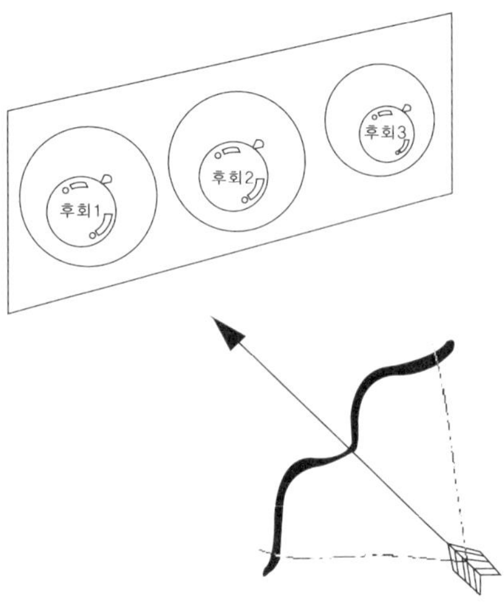

Wisdom Training 03

인(忍) VS 화(火)

우리는 흔히 인내심이 큰 사람을 존중한다.

인내심이 뭘까...

인내심은 존중받을 만한 것인가?

인내(忍耐). 괴롭거나 힘든 것들을 참아내는 것이다.

부정적인 감정을 잘 참는 것이 인내다. 다시 말해 인내심이 깊은 사람은 부정적 감정의 대표인 화를 잘 드러내지 않는다.

그렇다.

화를 내야 하는데도 잘 참기에 '인내심이 크다, 깊다.' 라고들 한다.

그런데, 인내심은 어떻게 기를 수 있는 것일까?

굳이 이론적으로 거론하지 않더라도 알 수 있다. 자주 넘어져 본 사람은 잘 안 넘어진다. 상처가 난 곳엔 굳은살이 돋아난다.

마음도 마찬가지다.

'인내심이 강하다.'는 결국 '참아내야 할 많은 순간을 잘 참았다.'는 의미다.

'참아내야 할 것들이 많다.'는 것은 '화'가 많거나 잦고 '화'의 강도가 상대적으로 높다.'는 것이며, '화'가 많다, 강하다.'는 것은 '참는 것에 더 많은 에너지가 필요하다.'는 의미다.

결국, '인내심이 강하다.'는 것은 '화가 많고 잦고 강하다.'와 통(通)한다.

인내심을 기르기 위해선 화가 많이 나야 하고 많이 난 화를 잘 참아내는 훈련을 거듭해야 한다는 논리다.

그런데...인내심을 기르지 않으면 어떨까?

화를 낼 일이 아닌 것에 화를 내지 않으면 되고 화가 나면 화를 내면 된다. 굳이 인내하지 않아도 된다는 것이다.

소금인형

류시화

바다의 깊이를 재기 위해
바다로 내려간
소금인형처럼

당신의 깊이를 재기 위해
당신의 피 속으로
뛰어든
나는

소금인형처럼
흔적도 없이
녹아 버렸네

결국, 인내심이 강하고 깊은 사람이 너그럽고 존중받을 큰 사람이라기보다는 인내할 것이 없는 사람. 즉, 참아야 할 것이 없는 사람이 더 큰 사람이다.

Wisdom Training 04

현상 VS 본질

모든 현상에는 본질이 있다.

어떤 현상이 일어날 때 그 현상을 제대로 파악하고 제대로 이끌기 위해서 가장 우선되어야 할 것이 바로 '본질'을 이해하는 것이다.

본질에 대한 이해가 없는 현상파악은 껍데기와 포장의 변화만 수반할 뿐 근본적인 해결과 변화는 가져올 수 없다.

마찬가지로 본질은 존재하는데 현상이 일어나지 않는다면 그 '일어나지 않는 현상'을 위한 본질이 존재가치가 없어서일 것이다.

현상과 본질은 그래서 함께여야 하고 무엇이 먼저든 순차적으로 동시에 공존한다.

현상없는 본질은 존재의미를 상실한 것이며
본질없는 현상은 목적없는 존재이기에 가치가 없다.

모든 현상에는 본질적인 이유가 존재하기에 '그냥'은 있을 수 없다.

보이는 것은
보이지 않는 것의 보여짐이며

보이지 않는 것은
보이는 것의 가려짐입니다.

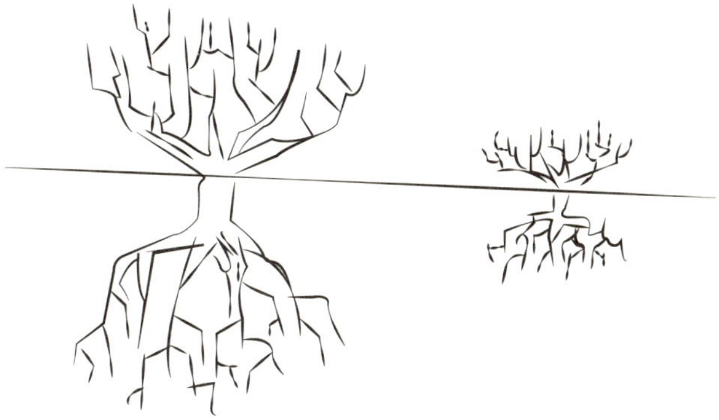

'그냥'은 '모른다' 이거나 '모르고 싶다', 또는 '모른 척'이다.

결국, 모든 현상에는 이유가 있고 그 이유, 즉 목적(본질)을 깨닫는 것은 그 무엇보다 우선되어야 하는 것이다.

나는 왜 태어났는가? 삶은 왜 살아야 하는가? 라는 철학적이면서 본질적인 질문이 중요한 이유도 그래서다.

내가 내 삶을 잘 살아내기 위해서 '내가 왜 태어났는지', '무엇을 위해 살아가야 하는지'를 본질적으로 찾아내야 나의 삶에서 벌어지는 수많은 현상들을 이끌고 갈 수 있다.

사람들은 흔히 '내 삶은 껍데기 투성이야' 라는 식으로 '껍데기'라는 단어를 부정적으로 표현하곤 하는데 알맹이 없는 껍데기는 목적없는 존재이기에 가치없지만 껍데기 자체가 부정적일 수는 없다. 알맹이(본질)가 발현되려면 껍데기(현상)가 존재해야 하니까 껍데기는 꼭 필요한 역할로 존재해야 하는 것이다.

내 삶이 껍데기라면, 즉, 내 삶이 실속없다면 그 속의 알맹이를 찾아 껍데기와 만나게 하면 된다. 내 삶의 알맹이를 찾았다면 이제 세상과 부딪혀도 괜찮을 만한 단단한 껍데기를 만들도록 시련과 고통에 부딪히면 된다.

본질과 현상. 알맹이와 껍데기. 내용과 형식...

양면은 함께 존재해야 가치있다.

05 Wisdom Training

결핍 vs 창조

세상이, 시류가 창의적 사고를 요하고 창의력 인재를 원한다.

창의성을 키우는 직장인 대상 강의나 학생 대상 학원들도 속속 생겨나고 있다. 그런데 창의가 누군가에게 배운다고 키워지는 능력일까? 기본적으로 창의는 보여지는 삶 속에서 스스로 발현되는 능력이지, 외부에서 주입되어 배울 수 있는 능력이 아니다.

당연한 것들에서 당연하지 않은 것을 찾아내고, 관성대로 관성에 역행하는 역사고도 필요하며 모두가 맞다는 시각으로 바라볼 때 아니라는 비판적인 사고를 해야 하므로 이러한 사고는 '빠져드는 생각'이 아닌 '일깨우는 의식'의 영역에서 이뤄진다.

또한 '의식'의 영역은 개인이 살고 있는 환경(인적환경, 자연환경, 기타 생활환경 전반)에 지대한 영향을 주고 받는다.

이렇게 자신도 모르게 키워진 '창의'는 새로운 것에 대한 호기심의 발로에서 시작해 점차 전문적인 지식과 결합하여 '창조'라는 결과물을 도출해 낸다.

결핍이 창조를 낳는다는 이치대로라면, 부족하고 모르는 자신과 만나, 알고자 갖고자 하는 욕구가 생기고 바로 그 시점에서 자신만의 창의적 사고가 창조를 낳게 된다.

알려 하면 남들과 다른 길이라도 마다 않게 되고 그 길을 가다 보면 창조물을 얻게 된다. 아무도 체험하지 못한 삶의 길을 열 수 있는 힘은 결국 '창의'이며 이를 키우기 위해선 '알려 하라'는 것이다. '알려고' 하는 것은 '모른다'는 것을 전제하기에 결국, 결핍(모름)을 동반한 지식(아는 것)이 창조(새로운 것)의 기반이 되는 것이다.

많은 결핍으로 인해 많이, 넓게, 깊게 알면 누구보다 창의적일 수 있으며 창조를 이뤄낼 수 있다. 즉, 새롭게 다가올 앞으로의 삶의 길을 힘차게 나아갈 수 있는 것이다.

결국, 이치대로 결핍이 창조를 낳는다.

그런데 사람들은 배워서 알려 하고 남에게 물어서 쉽게 얻으려 한다.

이제 다소 불편하고 지겹더라도 스스로에게 결핍의 시간을 맘껏 누리게 하자. 결핍의 시간 끝에는 분명 창조가 탄생할 것이다.

"물이 부족해야 땅속에 있는 물을 찾기 위해서
뿌리가 안간힘을 다해 뻗어갑니다.
그래야 꽃도 피지요.
화초가 꽃을 피우는 이유가 종자를 번식하기 위함인데
물이 부족해서 위기를 느껴야 종자를 번식할 생각을 하는 것이지요."

– 김용태, '아해야 청춘' 에서

06 Wisdom Training

이기 vs 이타

얼마 전 새로운 기부문화의 하나로 아이스버킷챌린지[1])가 한창 유행했다.

'기부'는 대표적인 이타행위의 하나인데 '기부'는 과연 진정한 이타일까? '기부'자체를 폄하하고 싶은 마음은 추호도 없지만 이기와 이타가 결국 동전의 양면임을 따져보도록 하자.

사람들은 왜 기부를 할까?

'도와주고 싶어서,' '더불어 잘 사는 사회를 만들기 위해'가 궁극적 목적일 것이다. 하지만 내가 도와줌으로써 더불어 잘 사는 사회를 만들면 결국 나에게로 그 혜택이 돌아온다. 다시 말해 '이타'를 행하면 결국 나를 위한 '이기'가 되는 순환이다.

세계적인 석학 자크 아탈리가 '21세기는 이기적 이타주의의 세계'라고 했듯이 어쩌면 이타가 곧 자신을 위해 되돌아오는 이기이며 이기는

1) 아이스버킷 챌린지는 기부에 대한 사회운동으로, 한 사람이 머리에 얼음물을 뒤집어 쓰거나 일정 금액을 기부하는 것으로서 얼음물을 뒤집어쓴 사람이 3사람을 지목하면 24시간 이내에 이 도전을 행하도록 유도하는 방식이다.

곧 타인을 향해 되돌아가는 이타가 아닐까?

중요한 것은 나의 '이타'는 긍정적 피드백 고리(Positive feedback loof)에 의해 '이기'가 됨을 알아야 한다.

하지만 같은 긍정적 피드백 고리를 통해 이타를 행하지만 부정적으로 강화되는 경우도 있다.

가령, 허용적인 2) 엄마의 예가 그렇다.

허용적(Permissive)인 엄마란 한 마디로 착한 엄마다. 무조건적으로 온정과 사랑을 베푼다.

자녀를 위해선 안되는 것이 없고 자녀의 요구는 일단 지지하고 본다. 지나친 참을성을 가지고 모든 의사결정에는 자녀가 중심이다. 아니, 자녀의 감정이 중심이다.

자신의 정체성은 없고 오로지 자녀를 위해 사는 유형이다.

오로지 자녀만을 위한 삶... 과연 희생이고 이타일까?

이 엄마는 엄청난 '이타'를 행하고 있지만 누굴 위한 것일까?

허용적인 엄마는 대개 자녀에게 사랑과 희생이라는 이름으로 조건없는(무조건) 허용을 선택한 결과 통제와 조절, 공유라는 중요한 과업을 수행하지 못한다. 자녀에 대한 책임감이 지나쳐 오히려 부모인 자신이 자녀의 요구를 모두 들어주는 것이 사랑이라고 생각한다. 삶에 실패하는(Spoiled)하는 자녀는 주로 이러한 양육방식으로 양육된 아이가 많다.

자녀만을 위한 희생하는 엄마는 이타를 행하지만 결국 자녀가 아닌, 자신이 '좋은, 자녀를 위한, 희생적인' 엄마라는 근사한 엄마가 되기 위

2) 바움린드(Baumrind)에 의한 부모의 양육방식은 크게 독재적인(authoritarian), 허용적인(permissive), 권위적인(authoritative), 3가지로 구분되고 있다.

한 '이기'를 택하고 상대인 자녀는 오히려 삶에 실패하는(Spoiled) 삶을 살게 된다.

결국, 이타는 표면적으로 드러나는 행위에 그칠 뿐, 삶을 통째로 관조할 경우 자녀는 삶의 무기를 잃고 마는, 엄마 자신을 위한 이기를 행한 것이다.

기부 역시 그럴 수 있다.

내가 상대를 도와준다는 의미는 상대가 도움이 필요하다는 말이다.

도와줌이 크면 클수록 상대는 더욱 도움이 더 크게 필요하다는 의미가 된다. 이타가 커지면 커질수록 상대는 더욱 무능력해질 수 있는 것이다.

그렇다면 이것은 이기일까, 이타일까?

'도움을 주는' 자신을 위한 이기가 아닐까?

반면, 내가 상대를 도와주지 않는 '이기'를 선택할 때 상대는 오히려 그 결핍으로 도전을 하고 자신을 성장시킬 수 있다. 결국, '이기'가 진정한 의미에서의 '이타'가 되는 것이다.

상대에게 해서는 안될 것 가운데 하나가 '할 수 있는 것을 대신 해줌으로 해서 무기력' 하게 만드는 것이다. 한 때 선진국 가운데 인디언 원주민을 말살하는 정책으로 그들에게 생활비를 지원해주는 '보기좋은' 정책을 활용했다. 원주민은 생활비를 받게 되지만 점점 그들의 원시적인 생존 능력은 퇴화되고 의존하지 않고는 살아갈 수 없는 존재가 되어 그들의 전통을 버릴 수 밖에 없게 된다.

이기인가, 이타인가...

우리가 살면서 '쓴소리'를 들어야 하는 경우와 마찬가지다.

상대에게 듣기 싫은, 하지만 내가 해야 할 '쓴소리'를 하지만 결국 '쓴

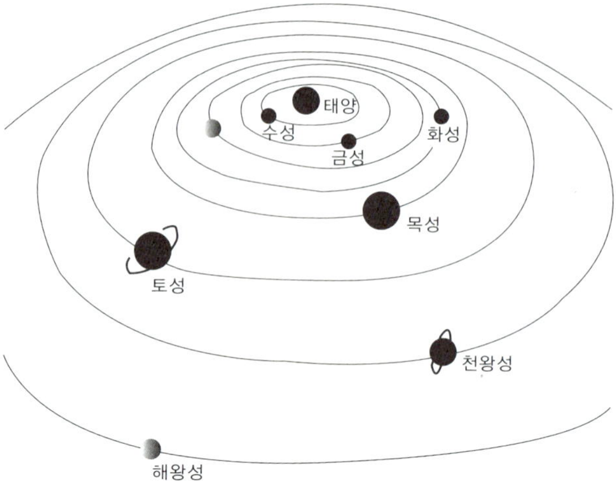

세상 풍경 중에서 제일 아름다운 풍경
모든 것들이 제자리로 돌아가는 풍경

시인과 촌장 '풍경'

소리'라는 '이기'가 상대를 위한 '이타'가 되는 것이기에 '이기'와 '이타'는 바로 연달아 맞붙어 있는 순차적인 과정일 뿐 둘 중 하나만 선택되는 이분법으로는 해석할 수 없다.

지금 현 상황에서 내가 내 몸에 얼룩을 묻히더라도 이기를 택한다면 곧 이러한 이기의 선택은 상대에게는 이타가 될 것이고 내가 내 몸에 얼룩을 묻히기 싫어 이타를 선택했다면 곧 이타는 상대가 아닌 나만을 위한 이기로 돌아올 것이다.

'이기는 나쁘고 이타는 좋다.'는 이분법에서 벗어나야 한다.

이기의 그림자는 이타이며 이타의 그림자는 이기라는 것을 알고 내가 그 상황에 맞는 내 역할에 충실한 선택을 하는 것이다.

선택은 나의 몫이다. 이기를 행하지만 이타라는 그림자도 함께 선택하는 것이며 이타를 선택하지만 그림자의 이기도 함께 공존함을 알면서 말이다.

07
Wisdom Training

사랑 vs 미움

사랑은 미워하면 안되는 마음이다.

사랑한다고 말해야 하고 사랑해야 하고 사랑하지 못하면 미안해 해야 한다.

우리는 이렇게 '사랑'은 '미움이 없는 상태'라고 인식하고 있다.

하지만 사랑이란, 진정한 사랑이란.

상대를 위해 때로는 악을 행할 수도 있는 것이 사랑이다.

진정 사랑하는 상대를 위해 애써 거짓을 말하고 진정 사랑하는 상대를 위해 애써 눈물을 감추고 진정 사랑하는 상대를 위해 애써 독설을 서슴지 않는, 그래서 진정한 사랑은 어쩌면 미움을 포함한 애증이 아닐까?

진짜 상대방을 위한 사랑은 무조건적인 허용이나 희생이 아닌, 현실을 적나라하게 인지할 수 있는 냉정일지 모른다.

진짜 상대방을 위한 사랑은 '좋은 관계유지'를 위해 원만히 잘 대해주는 것이 아닌, 현실의 자신을 제대로 인식하도록 벼랑 끝으로 내모는 것일지 모른다.

진짜 상대방을 위한 사랑은 대가없이 모든 것을 내주는 희생이 아닌, 현실의 가진 것을 객관적인 잣대로 평가해, 주고 받는 것일지 모른다.

사랑이란 두 글자

패티 김

사랑이란 두 글자는 외롭고 흐뭇하고
사랑이란 두 글자는 슬프고 행복하고
사랑이란 두 글자는 씁쓸하고 달콤하고
사랑이란 두 글자는 차갑고 따뜻하고
사랑하는 기쁨에 태양은 빛나고
사랑하는 슬픔에 달빛이 흐려지네
사랑이란 두 글자는 쓸쓸하고 화려하고
사랑이란 두 글자는 길고도 짧은 얘기
사랑이 올 때면 당신의 웃음소리
사랑이 갈 때면 당신의 울음소리
사랑이란 두 글자는 쓸쓸하고 화려하고
사랑이란 두 글자는 길고도 짧은 얘기

08 Wisdom Training

조절 VS 틀

살면서 꼭 필요한 능력은 무수하지만 태어나 죽을 때까지 키워지고 키워야 하는 정말 중요한 능력을 꼽자면 그 가운데 하나가 바로 자기조절력이다.

자기 조절(Self-regulation)이란 자기 자신에 대한 통제로서 자기조절력이 제대로 키워진다면 나아가 자신을 회복시키는 능력인 자기탄력성, 회복탄력성도 키울 수 있다.

이러한 자기조절력을 키우려면 어떻게 해야 할까?

우선 왜 조절이 필요할까를 따져봐야 한다.

조절이 안되는 강력한 틀이 존재하기 때문이다. 느슨하지 않고 팽팽한 자기사고가 존재하기 때문이기에 그 팽팽한 자신의 틀이 무엇인지를 깨닫는 순간, 조절이 되는 것이다.

다시 말해 자신이 가지고 있는 관념의 틀, 인식의 틀이 있음을 알고 무엇인지 들여다본 후 여태껏 사로잡혔던 자신만의 사고와 행동을 벗어

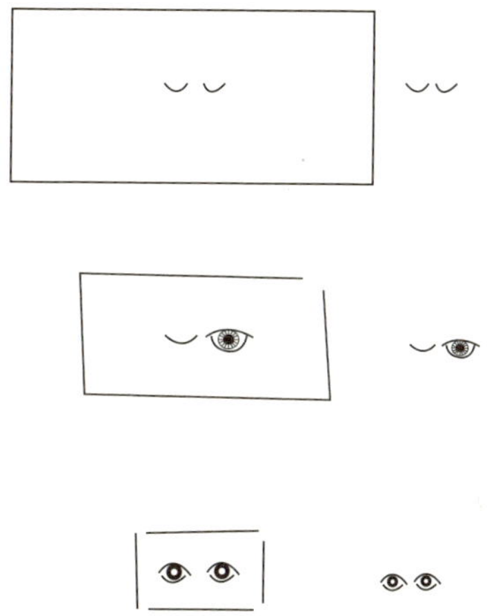

자신의 틀을 인정하고 직시하면 틀 밖이 보입니다.

난 영역에서 사고하고 행동하는 노력을 해야 하는 것이다. 그것이 조절이다.

조절은 처음부터 원활하게 자연스럽게 되지 않는다.

자신의 틀 밖을 모르기에 이렇게 쿵, 저렇게 쿵, 부딪힌다.

그 과정을 거쳐 틀의 안과 밖을 구분짓던 경계가 무너지고 비로소 틀의 안밖을 자연스럽게 넘나드는 조절이 키워지는 것이다.

그래서.
자기조절력을 키우는 시작은
결국,
자신의 틀을 인정하고 직시하는 것이다.
그리하면 틀 밖의 세상이 보인다.
이제 틀 밖으로 나가면서 새로운 사고의 경험을 통해 스스로 시행착오를 거치면 된다.

시행착오가 병행되면서 조절력을 키워나가는 것이다.

개인의 삶에서의 조절력은 개인이 사회와 연결될 때, 즉, 사회에서의 역할과 일, 관계를 맺을 때도 성과와 관련되어 아주 중요한 역량이 된다.

개인은 사회를 벗어나 살 수 없기에 사회에서의 유능성을 확보하기 위해서는 정서적으로 자신을 조절할 수 있는 힘을 키워야 하고 이는 곧 사회적 유능감과 직결된다고도 할 수 있다.

'감정을 능숙하게 통제하는 성인의 뇌 활동 패턴이 그렇지 못한 사람들과 다르다'는 위스콘신대의 Richard Davidson의 연구결과를 인용.

정서적으로 회복이 빠른 사람들의 정신활동 과정은, 감정을 담당하는 뇌의 편도체에서 만들어지는 걱정, 두려움, 역겨움 등의 부정적 감정을 극복하기 위해 뇌의 논리성을 담당하는 전두엽 피질에 의해 이루어진다.

'인간행동과학(HPT)'에 적용해 보면, 행동과학자들은 WISDOM을 키우기 위해 정서적 통제력을 키울 필요가 있다고 말하고 있다.

과학평론가 Stephen Hall의 말을 인용하자면, 정서적 통제력은 우리에게 WISDOM뿐만 아니라 생존에도 결정적 영향을 미치는, 진짜 중요한 것에 집중할 수 있도록 도와준다. 정서적 통제력을 키우기 위한 한 가지 방법은 당신이 결정을 내릴 때, 행동을 지시하는 전두엽뿐만 아니라, 편도체도 작동하고 있다는 사실을 인지하는 것이다. 사실을 인지하는 것만으로도 더 조심스럽고 차분하게 행동하게 될 수 있다.

두번째 방법은 당신이 연령에 관계없이 현명한 결정을 내릴 수 있도록 경제시계를 장기적 안목에서 바라보는 것이다. 이것은 물론, '조직원들이, 당장의 문제를 타개하기 위한 단기적 해결책에 집중하는 것이 아니라, 예상치 못한 전개에 대비한 근본적 원인을 찾도록 하는 데 도움을 준다'는 행동과학연구자들의 궁극적 목표와 직접적으로 연관돼 있다.

지속가능성의 관점에서, 정서의 통제력은 충동적인 결정을 피하고 평정심을 찾을 수 있도록 해준다. 이것은 단기적 이익만을 좇음으로써 발생하는 손실 혹은 결정을 가로막는 막연한 두려움 같은 것을 통제함으로써 얻어지는 단기적 · 장기적 결과 사이의 균형이나 지속적인 성과 달성에 대한 것이다.

Anthony W. Marker(2013), The development of practical Wisdom : Its critical role in sustainable performance, Performance Improvement, Vol.52 no.4. 발췌.

09
Wisdom Training

무지 vs 오만

'몰랐어요.', '모르겠는데..', '그럴 줄 몰랐다.', '몰라서 그렇게 할 수 밖에 없었다.', '그건 제가 잘 모르겠지만' 등등

우리의 수많은 변명 가운데 1위는 아마도 '몰라서'일 것이다. 결국, '모른다'는 무지는 나를 합리화시켜 주는 아주 강력한 무기로 나의 행위 곳곳에 놓여있다.

그런데. 얼마나 스스로에게 자신이 있었으면 '모르면서' 알려하지 않았을까? 또 얼마나 스스로에게 자신이 있었으면 '몰랐다. 그래서 내 판단대로 했다.'로 자신을 이끌었을까?

얼마나 스스로에게 자신이 있었으면 '몰랐다, 그러니 내 책임은 아니다.'로 자신을 합리화할 수 있을까?

얼마나 스스로에게 자신있었으면 '모른다'는 것조차 몰랐을까...

결국, 모른다는 '무지'는 자신에 대한 지나친 '오만'과 같은 맥락일 수 있다.

'오만'이 아닌, 자기 자신에 대한 신뢰가 있는 사람은 결과 뒤에 '몰랐다' 라고 합리화하기 전에 스스로 모른다는 것을 인정하고 알려 하기에 결과 뒤에 '몰랐다'라고 할 확률이 적어진다.

늘 자신의 부족함, 모름에 대해 인지하고 배우고 알려하는 '자기신뢰'가 있는 자의 결과는 '아는 것', '행하는 것'으로 나타나지만 자신의 부족함과 모름에 대해 간과하는 자는 자신을 너무 믿은 오만에 대한 대가로 '몰랐다.'는 결과를 얻는다.

모른다는 무지는 오만과 맞붙어 있음으로 스스로가 가진 오만이 자기신뢰로 깊어진다면 무지는 앎으로 전환되면서 자신을 더욱 깊이 있는 인간으로 성장시킬 것이다.

오만과 자기신뢰.

속내를 알지 못하고서는 알 수 없는 이 작은 차이는 어쩌면 자기 자신을 냉철하게 인지하는 과정을 통해 가능하다.

자기신뢰를 못하거나 너무 많이 하는 자가 오만한 자다.

둘 다 자기 자신을 너무 모른다는 것이다.

나를 모르는데 어떻게 남을 알고 비선형적 관계 투성이의 상황을 이해하겠는가. 아무것도 모르니 '몰랐다'라는 변명 외에는 달리 이해를 구할 방법 또한 모르는 것이다.

그래서 오만과 무지는 같은 맥락에서 해석될 수 있는 것이며 내 자신의 무지를 깨닫는 자가 자기신뢰의 과정을 통해 타인과 상황에 대한 무지에서 벗어날 수 있다.

내 마음에 비친 내 모습

유재하

붙들수 없는 꿈의 조각들은
하나 둘 사라져가고,
쳇바퀴돌 듯 끝이 없는 방황에
오늘도 매달려 가네.

거짓인줄 알면서도 겉으로 감추며
한 숨섞인 말 한마디에
나만의 진실 담겨 있는 듯

이제와 뒤늦게 무엇을 더 보태려하나
귀 기울여 듣지 않고 달리 보면 그만인 것을

못 그린 내 빈곳 무엇으로 채워지려나
차라리 내 마음에 비친 내 모습 그려가리.

엇갈림 속의 빈잠에서 깨면
주위엔 아무도 없고

묻진 않아도 나는 알고 있는 곳
그 곳에 가려고 하네
근심 쌓인 순간들을 힘겹게 보내며
지워버린 그 기억들을
생각해 내곤 또 잊어버리고.

Wisdom Training 10

목적 VS 목표

목적은 WHY다. 해야 하는 이유, 가야 하는 이유, 살아야 하는 이유, 곧, 내가 태어난 이유다. 다시 말해 내가 가고자 하는 방향(Way)이며 내가 얻고자 하는 궁극의 결과다.

반면 목표는 Why를 위해, Way를 향하는 과정에서 거쳐야 할 수많은 단계들을 말하는 것으로서 목적을 위해 목표가 수립되어야 한다. 여기에 하나 더하자면 목표를 이루는 여러 방법들이 바로 수단이다.

결국, 목적을 위해 목표가 여럿 존재할 수 있고 목표를 위한 수단이 또 다양하게 존재할 수 있는 것이기에 목적, 목표, 수단은 어느 것 하나만으로는 온전한 존재일 수 없다.

내 삶의 목적은 내가 살아가야 할 방향이며 방향을 찾으면 갈 수 있는 목표를 다양한 과정과 방법으로 수립해야 한다. 그리고 그 과정과 방법은 목표를 이루는 수단이 되는 것이고 결국, 내 삶의 목적을 조금씩 이뤄나가게 되는 것이다.

내 삶의 목적은 내가 태어난 이유이기에 내 삶의 목적을 찾아낸다면 내 삶은 의미있고 가치있게 가꿀 수 있다. 하지만 목적없는 삶은 방향이 없기에 목표도 시시각각 바뀌게 되고 당연히 수단도 이러다 저러다 마는, 효율적이지 않을 수밖에 없다.

이것 저것 찔끔찔끔거리다 이룬 거 하나도 없는 결과가 되곤 한다.

목적과 목표, 그리고 수단을 닭이 먼저냐 달걀이 먼저냐로 말하곤 한다. 자기가 좋아하는 것을 하다 보니 삶의 방향이 잡힐 수 있고 삶의 방향을 잡고 자신이 뭘 해야 하는지를 정할 수 있다는 것이다.

인생에 정답은 없을 지 모르지만 오답은 분명 있다.

방향없는 배는 길을 잃고 나침반없는 산행은 불안하듯이 인생의 길 역시 순차적으로 우선되어야 할 것은 방향, 즉 목적이다. 목적, 내가 원하는 삶을 정한 후 그에 대한 목표와 수단이 뒤따를 때 우리는 이리저리 헤매다 궁극적인 삶의 끝에서 '이 길이 아니었구나'가 아닌, 내 삶의 길에 격려의 박수를 보낼 수 있을 것이다.

삶을 통째로 들여다 보자.

나의 삶의 목적(Why)은 무엇인지 그리고 나는 지금 어떠한 목표(How)를 향해 가고 있는지 지금 내가 행하고 있는 수단(When, What, Where)은 무엇인지.

야간 주행을 생각해보라. 헤드라이트는 고작 50-100미터 앞밖에 비추지 못하지만 당신은 그 차를 몰고 캘리포니아에서 뉴욕까지라도 갈 수 있다. 전방 100미터만 보이면 충분하기 때문이다. 인생이 우리 앞에 펼쳐지는 모습도 이와 같다. 전방 100미터가 펼쳐지고 나면 다음 전방 100미터가 펼쳐지고, 다시 다음으로 100미터가 펼쳐지고,

그렇게 나아간다고 믿으면, 삶은 계속 이어진다. 그리고 결국에는 진정으로 원하는 게 무엇이든 그 목적지에 다다를 것이다. 당신이 원했기 때문에.

_잭 캔필드

11
Wisdom Training

해결 vs 해소

어쩌면 '삶을 잘 산다'는 '갈등과 문제를 잘 해결해 나간다'일 것이다.

우리는 살면서 항상 문제에 부딪힌다.

문제는 해결의 속성을 포함하고 있으며 우리의 삶에서 벌어지는 '현상'에는 문제와 해결이 모두 담겨있다. 하지만 우리는 해결이라는 속성을 제대로 써먹지 못하고 해소하는데 급급한 경향이 있다.

'골이 깊어서', '해결책이 없어서' 등등 '해결'은 뒤로 하고 '머리 좀 식히러', '피하라 그리고 즐겨라' 등등의 말과 같이 '해소'로 방향을 틀어버린다. 결국, '이제 내 문제가 아니다', '내 손을 떠났다' 등으로 해결없는 해소만 남는다.

해소는 어찌 보면 회피다.

문제가 있으면 해결이 있는데 '해결책이 없다'는 선택은 '해결책을 찾는' 또는 '해결책대로 따르는' 선택보다 지금 이대로가 더 편하고 익숙하기 때문에 지금의 상태를 유지하고자 한 선택일 뿐 진정 '해결책이 없는' 것이 아니다.

'해결책을 모른다'면 말이 되겠지만.

살면서 늘 부딪히는 문제와 갈등.

이는 해소할 것이 아니라 해결해야만 해소시킬 수 있다.

굳이 순차적으로 말하자면 '해결'이 우선되면 다른 방법을 동원하지 않더라도 저절로 '해소'가 된다.

해결없이는 해소가 될 수 없고 해결 후에는 반드시 해소가 따라온다. 또한 해소 후에는 또 다른 갈등과 문제가 다시 발생할 것이다.

이것이 삶의 속성이다.

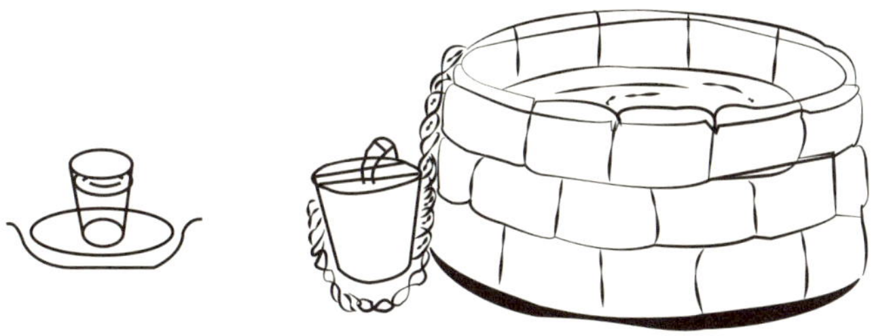

한 잔의 물은 '해소'를 주지만
우물은 '해결'해 줍니다.

신은 우리에게 호두를 내리셨다.
그러나 그 껍데기를 까 주지는 않으신다.

_서양 격언

12
Wisdom Training

용기 VS 두려움

두려워도 두려워 말라.....

두려운데 어떻게 두려워하지 않을 수 있단 말인가.

'명량'이라는 영화를 통해 우리에게 심도있게 다가온 두 단어가 바로 '용기'와 '두려움'이다.

두려움을 용기로 바꿀 수만 있다면...두렵지 않을 수 있을까...

그렇다. 두려움은 용기로 바꿀 수 있는 대상이다.

바꿔 말해 용기는 두려움을 수반하는 개념이라고 할 수 있다.

너무 편하고 너무 수월하고 너무 익숙하면 굳이 용기가 필요없다.

뭔가 어렵고 두렵고 새로울 때 우리는 용기가 필요하다.

결국, 부정적인 정서가 보태질 때 긍정적 정서인 용기가 나도 모르게 생겨나는 것이기에 용기를 갖기 위해선 순차적으로 우선 부정적 정서가 선행되어야 한다. 다시 말해, 용기는 부정적 정서(어렵고 두렵고 낯선 것 등)를 거치면서 얻게 되는 정서이지 아무것도 겪지 않는데 저절로 생겨나는 정서가 아니란 말이다. 두려움을 넘어서서, 바꿔서, 이겨내서 용기로 만드는 것. 이것이 진정한 용기다.

그런데...

두려움을 용기로 바꾸지 못한다면 어떻게 해야 할까?

삶의 용기를 갖기 위해선 두려움을 이겨내고 바꿔야 한다는 전제가 있는데 과연 그러하지 못하다면 어떻게 살아야 하나.

우리는 정말 중요한 하나를 간과하고 있다.

두려움을 그대로 인정하고 두려워도 앞으로 나아가는 것.

두려움을 없애지 못하더라도 두려움 그대로를 안고 살아가는, 바로 그것이 진짜 용기다.

인생은 보이지 않는 길을 향하고 넘치는 파도를 안고 살아야 한다. 두려워도 그 두려움을 그대로 겪.어.내.면.서 미래를 향해 묵묵히 나아가는 것. 바로 이것이 진짜 용기인 것이다.

두려움을 용기로 바꾸지 못한다면, 좌절인가?

아니다.

그저 두려움 그대로를 인정하고 앞으로 나가는 그 자체가 용기이니

이는 좌절이 아닌, 극복이다.

그러니.

두려워도 두려운 채로 계속 해라.

두려워도 두려운 채로 겪어 내라.

그러면 두려움에 익숙해지고
그 익숙함으로 나도 모르는 새 변화된, 용기와 조우하게 된다.

너의 마음 속에 해결되지 않는
모든 것을 향하여 인내하라,
그리고 문제 자체를 사랑하려고 노력하라.
답을 찾으려 하지 말라.
그것은 너에게 주어질 수 없다.
왜냐하면 너는 그 답과 더불어 살 수 없을 것이기 때문에.
중요한 것은 그대로 모든 것과 함께 살아가는 것이다.
문제 속에 그대로 그냥 살자.
그러면 먼 훗날 언제가
너도 알지 못하는 사이에
서서히 답 속에서 살게 될 것이다.

_라이너마리아 릴케

Wisdom Training 13

익숙 VS 특별

교육이, 조직이, 전 세계가 창의, 창의를 원한다.

뭔가 남들과 같으면, 뭔가 새롭지 않으면 뒤쳐진다고 불안해 한다.

도대체 '창의', 즉, '새로움'이 뭘까?

우리는 불과 10년 전엔 생각지도 못했던 현실에 살고 있다.

이제는 길을 몰라도 옆 사람에게 물을 필요가 없다. 손에 들고 있는 모바일 앱 덕이다. 이제는 굳이 뉴스 시간에 맞춰 TV앞에 앉을 필요가 없다. SNS가 실시간으로 세상의 소식을 전해주기 때문이다.

'참 세상 많이 달라졌어...', '달라졌다'가 곧 '새로움'이다.

새로움은 없던(無)것에서 발.명.되는 것보다는 주변에 흔한 것들인데 조금은 귀찮거나 조금은 번거롭거나 하는 많은 익숙한 것들을 발.견.하는 것에서 탄생한다.

길을 모를 때 길가는 사람을 붙들고 물어보기가 민망하기도 하고 번거롭기도 했을 것이다. 9시 뉴스시간에 맞춰 시청하지 못하면 세상의 궁금증을 알 수 있는 길이 남들보다 뒤쳐졌을 것이다. 이러한 조금 더 빠르고 조금 더 편리한 것들이 '창의'로 탄생된다.

결국, 창의란 특별하다기 보다는 익숙한 것들 속에서 탄생되는 특별함이라고 말할 수 있을지 모른다.

세계적 칼럼리스트 토머스 프리드먼은 '완전히 새로운 세계가 온다. The Next New World in coming'라며 더 이상 안전한 세계는 없으며 회사나 조직이 아니라 개인도 코닥(Kodak)[1]될 것이라 말하고 있다. 이제 더 이상 일자리를 구하거나 찾는 시대가 아니라 일자리는 만드는 시대가 도래한 것이다.

세상은 새로움을 원한다.

당연하다. 지극히 당연하다. 세상은, 인간은, 사회는 진화되고 변화한다. 그래서 세상은 특별하고 창의적인 개인, 조직이 살아남고 성공한다는 의미다.

결국, 새롭고 특별해야 하는데...

그러기 위해선 익숙한 것들을 제대로 잘 행해야 한다.

그래야 익숙함 안에서 새로움을 찾고 그것이 바로 특별함이 될 수 있기 때문이다. 결국 익숙함이 지속되는 가운데 특별함이 존재하는 것이지 익숙하지 않은 것들에서는 특별함은 흔히 말하는 '괴짜', '비주류' 등의 부정적인 의미 이상을 넘어서지 못할 수 있다.

---

1) **코닥(Kodak)** : 코닥은 세계최고의 필름회사였지만 역대 최고의 매출을 올린 이듬해에 파산했다. 가장 큰 원인은 디지털 카메라라는 급물결을 외면했기 때문인데 이러한 유명한 사례 때문에 '코닥'은 과거의 영광에 빠져 과거의 사고와 과거의 조직을 고수하고자 하는 사람들은 곧 파산할 것이라는 의미로 '파산, 망한다'라는 의미로 사용되곤 한다.

그러므로 지금의 익숙한 평범한 것들을 제대로 잘 지속해 나가면서 그 익숙하고 평범한 그 자체를 비판하고 넘어서라, 바로 그것이 창의, 새로움이다. 사람은 물 없이는 못산다. 어디서나 쉽게 마실 수 있던 물을 이제는 사먹는다. 사람은 관계없이는 못산다. 누구나 쉽게 연락을 주고 받기 위해 전화가 발명되고 SNS시대가 도래했다.

지금의 익숙함은 곧 새로운 독특함, 특별함일 수 있다.

그러니 듣지도 보지도 못한 새로움을 찾지 말고 지금의 익숙한 것들을 제대로 비판하라.

그러면 바로 그것이 새롭고 특별한, 창의다.

월트 디즈니의 핵심 멤버인 이매지니어(Imagineer)들은 끊임없이 아이디어를 쏟아내는, 세계 최고의 창의력 집단으로 꼽힌다. 1955년 미국 캘리포니아에 처음으로 디즈니랜드를 열고, 거꾸로 매달려 달리는 롤러 코스터를 놀이 기구로 대중화한 장본인들이다.

이매지니어의 임무는 새로운 테마 파크를 설계하고 창조하는 일. 지금까지 캘리포니아, 도쿄, 파리, 홍콩을 비롯해 전 세계 10곳에 '꿈의 궁전'을 만들어 수억 명의 세계인을 디즈니 세계로 이끌었다.

이매지니어는 **'상상하다(Imagine)'와 '엔지니어(Engineer)'를 합친 말로 '상상하고 실천하는 사람'이라는 뜻**이다. 그리고 상상을 실현하는 이들만의 독특한 방식이 이매지니어링(Imagineering)이다. 이매니지어는 무작정 꿈을 꾸지 않는다. 엉뚱한 생각을 하지만 정밀한 상상력과 과학적인 창의력으로 꿈꾼 것을 반드시 현실로 만든다.

'어른이 되기' 시작하면서 이 재능은 먼지 쌓인 궤짝에 처박히고 만다. 더 이상 가지고 놀 수 없는 장난감처럼 말이다. 하지만 헤아릴 수 없이 많은 꿈과 경이로움으로 가득 찬 그 귀중한 궤짝을 굳게 닫고 잊어버린 채 남은 인생을 살아간다는 것은 얼마나 부끄러운 일인가!

어린이는 가장 창조적인 인간이다. 어린이는 의자나 소파를 망망대해에 떠 있는 배로 바꿀 수 있다. 진흙으로 부침개도 만들어낸다. 냄비는 헬멧으로 변한다. 손전등은 죽음의 광선을 내뿜는 외계의 괴물이 되고, 길쭉한 과자 상자는 마법의 검이 된다.

어린이는 두려움 없이 자유롭게 사고하고 논다. 다 큰 어른이라고 해서 그렇게 자유롭고 창조적으로 생각하지 못할 이유가 있는가? 어른이란 별다른 게 아니다. 결국 어린이가 다 자라면 어른이 되는 것일 뿐이다.

어린 시절로 추억 여행을 떠나라. 그리고 감춰져 있던 창의력을 찾아내라. 그 얼마나 짜릿한 즐거움이 많았는지를 생각해 보라! 간장 소스를 손가락에 묻혀 그림을 그리고, 찰흙으로 멋진 조각상을 만들던 시절 말이다!

하늘의 구름을 동물이라고 상상하고, 노래를 지어 부르는가 하면 배우가 되어 연기를 하고, 노력하면 정말로 하늘을 날 수 있으리라 믿었던 때다.

물리학과 논리가 지배하는 세상을 넘어 당신의 상상력이 마음껏 날아갔던, 그리하여 무슨 일이든 할 수 있고, 무엇이든 될 수 있던 시절이 아닌가. 그 때 당신은 참으로 창조적이었다. 기억나는가?

아직도 당신에게는 그 어린 시절의 상상력이 남아있다. 그저 남들이 당신의 창조물을 비판한다는 사실을 깨닫고, 스스로 그 능력을 억누르게 되었을 뿐이다. 분홍색 점이 찍힌 파란색 코끼리를 그렸을 때, 유치하다는 소리를 들었을지도 모른다. 하늘에 뜬 기린은 그저 구름일 뿐이라고 누군가 말해주었을 것이다. 당신의 상상력 바깥에 존재하는 실제 세계를 손가락으로 가리켜 보여준 사람이 있었을 수도 있다. 어쨌든 그 이후 당신은 '성장하기'를 시작했다.

어린이가 자라나면 상상력은 그만 뒷자리로 밀려나고 만다. 인생의 여행길이 멀어질수록 소파로 만든 배나 모눈종이, 풀, 찰흙 같은 물건에서도 멀어진다. 어린이 특유의 상상력도 아득히 사라져 버린다.

창의력을 최대한 발휘하고 싶다면, 혹은 창의력이라는 것을 다시 발견하고 싶다면 이매지니어들이 그렇게 하듯 스스로 다시 어린이가 되어 두려움 없이 자유로운 상상력을 펼쳐보라!

상상력을 옥죄고 있던 거부와 체면의 사슬을 끊어버리는 것이다. 그러면 상상력은 무한한 가능성의 푸른 하늘로 멀리멀리 날아갈 수 있다. 분홍 점박이 파란색 코끼리 등에 올라타고 냄비 헬멧에 과자 상자 검으로 무장한 채 당신의 적인 두려움에 맞서라. 무한한 꿈과 경이로움이 기다리는 상상의 나라로 힘껏 내달려라!

지구상의 모든 사람들과 마찬가지로 당신 또한 어마어마한 창의력을 발휘하며 즐거운 시간을 보낼 수 있는 능력을 갖고 태어났습니다. 다만 그것이 주위 환경으로 인해 표출되지 못했을 뿐이지요.

당신 안의 어린아이를, 무한대의 상상력을 일깨워 보세요. 새로운 세계가 당신을 기다리고 있다.

_월트 디즈니 이매지니어 일동 著 '파란 코끼리를 꿈꾸라.' 中에서

14 Wisdom Training

자만 vs 자존

내 자존심이 용납 못해.

난 절대 자존심을 버리지 않아.

자존심만은 잃지 마라.

자존심(自尊心). 자기를 스스로 높이는 마음.

그렇다. 자기 자신을 향한 존중하는 마음은 버려서도 잃어서도 안된다. 우리는 자존감과 자존심의 속내에 담긴 의미를 미묘하게 차이를 두어 사용하곤 하지만 둘은 '스스로를 존중하는 마음, self-regard'로 사전적으로는 같은 의미다.

그런데 대개 어려서부터 자존감은 높여주려 애쓰다가 쓸데없는 자존심은 버리라고 한다. (여기서는 자존심이라는 용어로 통일해서 사용하도록 하자)

자존심이라는 글자의 자(自)에는 스스로, 자연스럽게 라는 의미가 내포되어 있다. 즉, 자기 자신에게 자연스럽게 느껴지는 스스로를 존중하는 마음이 곧, 자존심이다. 다시 말해, 자존심은 내면에서 우러나오는 것이지 외부에서 주어지는 것이 아니란 말이다.

'쓸데없는 자존심을 버리라'는 것은 상대에 의해, 비교에 의해 대비되면서 발생하는 마음, 즉, 스스로를 자연스럽게 존중하는 것이 아닌, 상대의 자극때문에 또는 비교로 인해 외부에서 주어지는, 상대적인 감정으로 부여잡고 싶은 나에 대한 존중감은 버려도 좋다, 아니, 버려야 한다는 의미다.

상대에게, 비교에서 이기고 우월하고픈 마음. 왜일까?

이는 내가 더 잘나보이기 위함이다. 실제의 자기자신보다 보다 더 나아 보이게 하고픈, '남에게 보이고픈 나'다.

상대적으로 잘나보이지 않아도 된다면 애써 자존심을 내려놓지 않아도 스스로에 대해 존중하는 마음 그대로가 담겨있기에, 그 자체가 자존심을 지키는 것인데 상대적으로 비교우위에 있고자 부여잡는 감정이라면 이것은 자존심을 넘어 자기 자신을 실제보다 더 잘나게 보이고픈 자만심이 된다.

결국, 진정 스스로를 존중하는 마음이 있다면 어떤 상황에서든 애써 자존심을 잃을까 두려워 부여잡을 필요가 없다. 진정 스스로를 존중하는 마음이 있다면 자만이 아닌, '있는 그대로의 내'가 잘나 보일 것이다.

자존심을 잃지 않기 위해 애쓰는 그 모습이 바로 잘나 보이고픈, 자만한 마음이기에 자존심을 부리면 자만할 수 있다.

자기 스스로를 진정 존중한다면 자만하지 않은 채 자신감과 자존감을 그대로 지킬 수 있기에 우선되어야 할 것은 자기 스스로에 대해 알고 그것을 인정하고 수용해서 잘나면 잘난대로, 못나면 못난대로 자신을 존중해주는 마음이다. 그것이 진정성있는 자존심이다.

자존심은 내면에서 우러나오는 스스로에 대한 존중감이니 외부의 자극에 자존심이 상처를 받니 마니 할 이유가 없으며 자만심은 자존심을 외부로 표출했을 때 잘나 보이고 싶은 마음이니 자만심은 곧 자존심의 발로인 것이다.

진정으로 자존심있는 자는 자존심을 운운하는 자만을 보이지 않는 자다.

[노자도덕경 72장]

民之不畏畏 則大畏將至矣 (민지불외외 칙대외장지의)
毋闇其所居 毋厭其所生 (무갑기소거 무염기소생)
夫唯弗厭 是以不厭 (부유불염 시이불염)
是以聖人 自知而不自見也 自愛而不自貴也 (시이성인 자지이불자견야 자애이불자귀야)
故去彼取此 (고거피취차)

백서본

군주에 대한 경외심을 백성들이 무시할 정도에 이른다면,
곧 나라에 큰 위험이 다가올 수 있다.
따라서
백성들이 삶의 터전을 자유롭게 옮겨 다닐 수 있도록 막지 말아야 하며,
마음대로 삶을 즐길 수 있도록 억압하지 말아야 한다.
이와 같이 백성을 억압하지만 않는다면
이로 인해 백성들은 군주를 싫어하지 않을 것이다.

그래서 성인은,
내면으로는 자신의 본성을 알지만,
밖으로 자신을 드러내 보이려는 자만심(自慢心)이 없으며,
내면의 자신은 아끼고 있지만,
밖으로 자신을 고귀하게 내세우려는 자존심(自尊心)이 없는 것이다.

그러므로 성인은
내면은 취하고,
외면은 버린다.

15
Wisdom Training

전문 vs 융복합

자고로 융합시대다.

공부[1]도 스킬이라며 공부만으로 성공하는 시대는 아니라 말한다.

공부보다 자기 자신의 재능[2]을 키워 그 분야에서 전문가가 되어야 한다고 말한다.

그러면서 융복합 시대이니 모든 것에 다재다능해야 한다고도 말한다.

'하나만 잘해도 성공한다.' 고도 하고 '하나만 잘해서는 먹고 살지 못한다' 고도 한다.

전문성과 융복합과의 관계를 제대로 모르고 하는 소리인 듯 하다.

한 분야를 깊이 있게 파고들어 전문성을 갖추는 것과 다양한 분야를 두루 섭렵해 융복합적인 능력을 키우는 것, 이 둘의 관계를 제대로 알아야 한다.

1) **공부** : 진정한 공부는 사회전반에 걸친 삶에 대한 학습(學習)을 의미하지만 여기서의 공부는 흔히 말하는 지식위주의 학습으로 정의한다.
2) **재능** : '남과 다른 자신만의 특별한 재주'로 정의한다.

여기서 잠깐, '천재'와 '영재'는 뭐가 다를까?

굳이 천재와 영재를 구분하자면 이런 것이 아닐까?

'천재'란 하늘이 자신에게 부여한 특별한 재주를 각고의 노력 끝에 발.견.하고 그것을 키.우.며. 그것으로 먹.고.사.는.자.

'영재'란 하늘이 자신에게 부여했는지 모르지만 세상의 흐름에 성공 확률이 높은 부분을 환.경.적.으로 주입해 특별성을 갖게 하고 그것을 키우며 먹고 사는 자.

사람들은 천재를 뭔가 남다른 특별한 무언가를 가진 사람으로 칭하지만 천재(天才)의 의미는 그저 '하늘이 내려준 재주를 가진 자'를 의미한다. 사람은 누구나 태어남의 이유가 있기에 태어나면서부터 자기 몫의 역할을 타고 난다. 즉, '하늘이 내려준 재주'는 누구나 가지고 있다는 말이며 누구나 천재인 것이다.

결국, '전문'이라는 것은 하늘이 내려준 특별한 자신의 재주, 즉 개인의 특별함을 스스로 발견하는 자가 갖게 되는 능력인 것이며, 융복합이란 이러한 개개인의 전문성이 모여서 또 다른 차원의 하나가 되는 것을 의미한다.

이도저도 아닌 믹스된 무언가가 '융복합'이 아니라 각각의 전문성이 확보된 전체가 바로 하나의 융복합인 것이다. 예를 들면 이 시대의 최고의 히트작, 스마트폰이 그것이다.

전화, 인터넷, 게임, 음악, 기타 각 분야의 전문성이 모여 또 다른 차원의 하나(전체)를 이룬 그것이 바로 진정 융복합이다.

그러하기에 '하나만 잘해도 성공한다.', '하나만 잘해서는 먹고 살지 못한다'.

둘 다 맞는 말이다.

자신이 지니고 태어난 천재성, 그 하나를 발견하고 다른 것과 연결시키는 능력을 갖춰야 하기에 하나를 잘해야 하지만 그것만으로는 먹고 살지 못할 지도 모른다.

하나를 잘하면서 다른 잘 하는 것들과 연결할 수 있는, 연결시킨, 능력. 바로 그것이 '전.문.적.인 융복합'이다.

앞서 언급했던 이분법을 넘어선 배제적 사고를 통해 진정 '전문적인 융복합'을 설명하자면 '자신이 잘 하는 것을 전문적으로 잘 해내는' 1차원을 넘어 '타인의 유능함을 발견하는' 2차원과 보태어져 '자신의 전문성과 타인의 전문성이 결합된' 3차원 이상의 복합적이고 입체차원으로 재탄생하는 것이다.

뒤집어 말하면, 전문성있는 융복합을 원하는 시대에 성공하기 위해서는 이분법을 뛰어넘는 배제적 사고가 융복합 마인드의 핵심이라는 말이 된다. 이 시대가 원하는 '가치창조'는 기존의 1,2차원을 각각 전문성으로 발견하고 새로운 차원으로 만들어내는, W 사고를 갖춰야 가능한 것이다.

새로운 융복합(3차원 이상)은 전혀 다른 차원이기에 바로 새로운 가치로 창조될 수 있다. 이는 또한 새로운 가치이기에 새 시대의 흐름에 적합한 또 하나의 전문적인 1차원으로 형성되는 것이다. 이렇게 새로운 가치는 시대에 따라 전문적으로 거듭나고 또 다른 융복합을 거쳐 계속 순환된다.

가령, 예를 들어, 닌텐도라는 게임기는 게임의 영역에서 전문성을 가졌지만 많은 부모들에게는 아이를 게임에 빠뜨리는 걱정거리였다. 여기에 시대가 원하는 가치, 즉, '건강', '가족친화'라는 목적이 주어져 융합된 창조물이 바로 '닌텐도 WI'다. 게임에 대한 부정적 이미지를 '가족친화와 가족건강'이라는 삶의 가치로 승화시킨 것이다. 게임, 운동의 전문성이 목적가치를 위해 연결되어 융합을 이뤄낸 것이다.

이제 '게임'은 인간의 삶에 깊숙하게 들어와 있으며 인간이 원하기에 게임산업은 거대해질 수밖에 없다. 이러한 욕구를 충족시키기 위해 인간의 궁극의 삶의 가치를 향한 새로운 창조물은 계속 나타날 것이다. 즉, 익숙하고 늘 존재하는 것에서 새로운 것이 창조된다는 것을 우리는 알 수 있다.

정리하면, 1차원은 2차원과 만나야 3차원이 형성되며 3차원은 새로운 1′원이며 이는 2′원과 만나 3′원이 되는 순환이다.

나의 전문성(1차원)은 타인의 전문성(2차원)과 만나 새로운 융복합(3차원)이 형성되고 융복합(3차원=1′차원)은 다시 또 다른 누군가의 전문성(2′차원)과 만나 또 새로운 융복합(3′차원)이 된다.

이렇게 전문성은 융복합되면서 창의적으로 창조되고 창조는 순환되며 발견되고 연결되는 과정을 거쳐야 다시 전문적으로 순환된다.

나 혼자서는 융복합을 이룰 수 없다.
하지만 융복합을 이루는 중심은 나다.

16
Wisdom Training

독립(혼자) VS 의존(함께)

관객 1천만을 넘어서며 신드롬을 일으킨 애니메이션 '겨울왕국'.

주인공 엘사는 기존의 통념인 '왕자와의 해피앤딩' 이 아닌, 스스로의 인생을 찾아나서는 것을 선택했다.

의지가 아닌, 독립을 선택한 것이다.

관객은 기존의 통념대로 '공주는 왕자를 만나 행복하게 잘 살았대요~' 보다 '공주는 스스로 인생을 잘 살아내기로 했대요' 에 더 큰 호응을 보낸 것이다.

그러면 의지가 아닌, 독립이 더 행복하다는 말인가.

의지하고 싶을 땐, 독립이 힘들 땐, 어떻게 하란 말인가.

이 둘은 서로 대립된 개념이지만 둘 중 하나로만 존재해서는 안된다. 의존과 독립은 상반되지만 공존해야 하는 개념이다. 다시 말해 더불어 살지만 혼자 살아야 하는, 도움이 필요한 것은 도움을 청하고 혼자 해내야 하는 것은 독립적으로 해내는, 의존해야 할 것은 의존하고 독립도

병행하는, 말로는 모순이지만 삶에선 순차적이면서 동시성이 있는 단어다.

내 생존은 나 스스로 독립(혼자)적으로 행해야 한다. 하지만 사회를 살아가기 위해선 상호 의존관계여야 한다.

dependence(의존)와 independence(독립)를 넘어선 차원이 바로 inter dependence(상호의존)다.

사람이 태어나 부모에게 의존하며 살지만 내적으로는 자존감으로 독립을 이뤄나간다. 의존이 외부로 향해 있다면 독립은 내부를 향하고 있다. 성인이 되어도 마찬가지다.

독립은 내면으로 향하게 두어 자신의 존재감을 켜켜히 쌓아가야 한다.

이와 더불어 사회에서는 사람들과의 상호의존관계에서 relationship을 쌓아가야 한다.

다시 말해 내면의 존재감이 없이 상대방이나 사람들과의 관계인 외부에 존재감을 걸쳐놓거나 사람들과 관계해야 할 부분을 하지 못하고 외부와 독립하면서 내면으로 의존력을 키운, 즉, 내면의 독립이 되지 않는 상태가 되서는 안된다는 말이다.

내가 정작 중요한 역할(본질)을 하지는 못하면서 사람들과의 관계에서 감정에 휩쌓여 버리는 경우가 바로 내면에 쌓아야 할 존재감을 상대나 관계인 외부에 걸쳐놓은 경우이다.

이럴 경우 분명히 역할을 제대로 수행하지 못하기 때문에 이로 인한 대가를 치르게 된다.

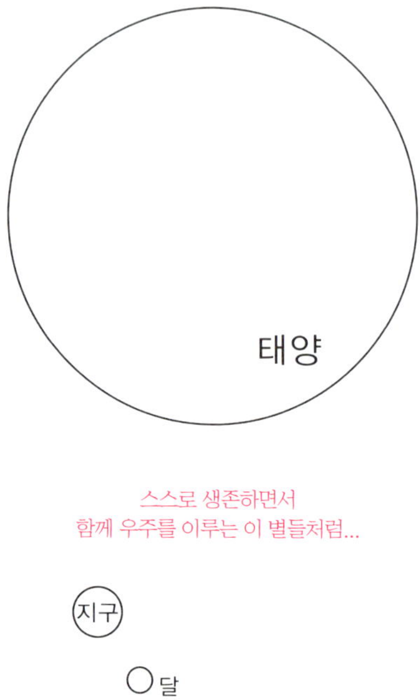

일은 역할에 맞게 함께 상호의존해가며 치러내야 하고 감정은 내면에 독립적으로 혼자 쌓아가야 한다.

결국, 의존(함께)과 독립(혼자)은 대립이 아닌 상호관계에서 내면과 외부에 동시에 존재해야 균형을 이룰 수 있는 것이다.

이것이 바로 상호의존이다.

각각이 독립된 개체로서 서로 더불어 의존하는 것.

그러니 우리는 먼저 독립된 개체로 자신의 내면을 단단히 갖추고 동시에 의존해야 할 역할에선 의존하며 살아가야 한다.

의존과 독립, 둘 중에서 하나의 선택을 하기보다는 상호의존을 선택하는 데에서 진정한 자유가 나온다는 사실을 나는 발견하고 있다.

_딘 오니시의 〈관계의 연금술〉 中 발췌

17
Wisdom Training

부모 VS 자식

부모가 자식을 낳았다?

진짜 부모가 자식을 낳았는가?

사람이 사람을 낳는 순간 붙여진 이름으로, 낳은 쪽은 '부모', 태어난 쪽은 '자식'이다. 결국, 부모가 자식을 낳은 것이 아니라 사람이 사람을 낳는 순간 부모와 자식이라는 이름을 부여받게 된다.

그러니, 부모와 자식은 동시에 태어난다고 할 수 있다. 그런데도 부모는 마치 미리 부모가 된 자신이 자식을 낳은 것 마냥 자신의 살아온 방식대로 자식에게 대입한다.

부모가 살아왔던 방식은 과거며 자식이 살아야 할 방식은 미래다.

결국, 부모는 자신이 살아갈 미래도 모르면서 자식이 살아갈 미래를 자신의 과거에 견주어 미리 점쳐보고 대입하는 우려를 범하고 있다.

부모가 알고 있는 삶의 방식과 기준은 과거의 것인데 이렇게 광속도로 변해가는 시대의 흐름에 과연 잘 어우러질 수 있을까?

이것이 부모가 자식을 위하는 것이라 할 수 있을까?

자식들이 살아갈 세상은 본 적도, 경험한 적도 없는 다가올 미래이기에 부모도 자식도 모두 모르는 세상이며 그래서 둘은 독립된(independent) 존재로 의존하며(dependent) 살아야 한다(ibterdependent).

부모는 부모가 알고 있는 경험대로 살기도 하고 경험하지 못한 부분은 자신의 경험이 아닌, 자식을 따라 살아보기도 하며 자식은 부모의 경험을 받아들이기도 하고 때로는 거부하여 독립적으로 살아내야 한다.

이렇게 서로 의지하기도 하고 독립적으로 살아가야 하는 관계가 바로 부모-자식 관계다.

경험하지 못한 세계인 미래세계.

부모도 부모로서는 경험하지 못한 세계이며 자식도 살아보지 못한 미경험세계이기에 부모는 자신의 방식을 고수하는 것을 지양하고 자식이 스스로의 방식을 찾아갈 수 있게끔 부모가 먼저 자녀로부터 심리적으로 독립해야 한다.

자식은 부모의 과거의 모습이 아니라 부모와 동시에 태어난, 자신의 삶을 사는 독립체입니다.

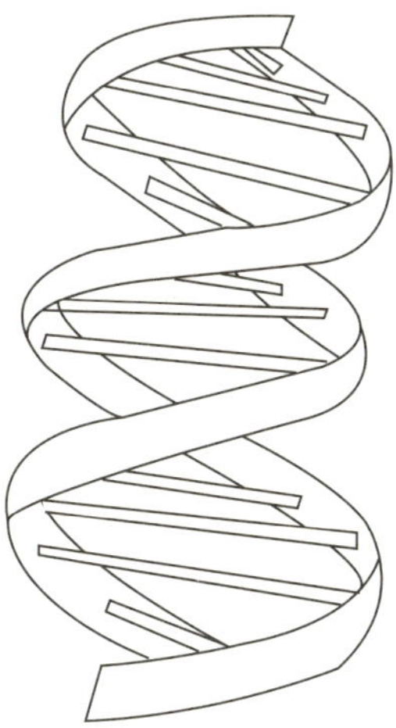

18 Wisdom Training

열린 마음 vs 닫힌 마음

글로벌 세상이다.

전지구화.

세계는 하나이다.

경계가 없이

세상이 오픈되었다는 의미다.

따라서 사고도 열려야 하고 마음도 열려야 한다.

남을, 다름을, 인정하고 수용해야 하기에 '내가 아닌 것'을 인지해야 하고 받아들여야 한다.

열려있어야 가능하다.

어떻게 하면 사고도, 마음도 열릴 수 있을까?

열려 있으려면 우선 닫혀 있음을 알아야 한다. 연다는 것은 닫혀 있다는 것을 전제로 하기에 열기 위해선 닫혀 있는 부분이 어디인지 깨우쳐야 한다. 나의 사고와 마음 어떤 부분이 닫혀 있는지 인지하지 못하면 열 수 없거나 엉뚱한 곳을 열게 된다.

또한 오히려 열려 있는 부분에 만족하면서 닫힌 부분은 더욱 더 콘크리트처럼 굳어져 버릴 지도 모른다.

콘크리트가 되면 결국, '우물 안 개구리', '벽창호'가 되어 아집과 편견으로 세상을 바라보게 되고 자신만 모른 채 세상과 소통하게 된다.

자신의 닫힌 부분을 먼저 찾자. 그러면 열 수 있다.

이것이 오픈마인드를 갖기 위해, 글로벌 마인드를 함양하기 위해

자신을 먼저 알아야(self-awareness) 하는 이유다.

그렇다면 자신의 닫힌 부분을 알려면 어떻게 해야 할까?

우물 안 개구리가 자신이 갇혀 있다는 것을 알려면 우물 밖이 존재한다는 것을 아는 것이 우선이다. 우물 밖의 존재를 알았다면 우물 밖을 궁금해 해야 하고 우물 밖의 세상으로 가는 방법을 강구하고 시행착오를 거쳐 밖으로 나가봐야 할 것이다.

마찬가지다.

자신의 닫혀 있는 사고를 알려면 자신이 관심없는, 관심밖의 것에 궁금해져야 한다. 자신의 닫혀 있는 마음을 알려면 자신이 유독 화가 나고 유독 민감한 그 부분에 관심을 가져야 한다. 민감하고 화가 치민다는 것은 내가 강하게 거부하고 있음이기 때문이다.

자신이 경험하고 안주하던 세상 밖으로 한걸음 나가는 어려움과 낯섬을 감수하자.

어려움과 낯섬은 자기파괴적이면서 지독한 불편함을 주겠지만 열린 사고와 열린 마음을 가져다 줄 것이니 일단 자신에게 불편함을 던져보자.

19 Wisdom Training

긍정 vs 부정

불과 몇 년 전부터 부쩍 익숙해진 단어가 있다면 '힐링'이다.

힐링이란 단어가 많이 회자되었다는 것은 그만큼 힐링을 원하고, 힐링 받아야 할 이가 많아졌다는 의미다. 또한, 힐링이 많아졌다면 분명 치유율도 높아져야 한다.

그런데 힐링은 많아졌지만 우리나라의 우울증과 자살률은 결코 낮아지지 않았다[1).

그렇다면 힐링은 제대로 역할을 하지 못한 것 아닐까?

다시 말해, 위로와 격려는 오히려 문제로부터, 갈등으로부터, 괴로움으로부터 '회피'할 수 있는 은신처를 제공한 것과 다름없으니 이제 더 이상 '힐링'이 아닌, '해결 후 힐링' 또는 '해결과 함께 하는 힐링'이 필요한 것이다.

1) 자살률은 2010년에 31.2명(인구 10만 명당)으로 매년 증가하고 있으며, 경제협력개발기구(Organization for Eco- nomic Co-operation Development, OECD) 회원 국가의 평균 자살률보다 약 2.5배로 가장 높은 수준이다.('우울증, 자살 그리고 한국사회', 안정훈, J Korean Med Assoc 2012 April ; 55(4): 320-321) 대한민국은 OECD국가 중 10년째 자살률 1위이다.

앞서 삶을 통째로 보도록 제안했다.

부분적으로는 '힐링'이라는 긍정적 측면을 부각시켰으나 전체적인 결과를 볼 때 이는 긍정적 결과를 낳지 않았고 오히려 부정적 현실을 유지시키거나 더 악화시키는 결과를 낳았다. 즉, '해결 후 힐링'이라면 '부정을 함께 겪는 긍정'이라 할 수 있기에 긍정과 부정은 삶을 통째로 봤을 때는 '동시'에 진행되어야 '긍정'의 결과를 얻는다는 것을 쉽게 알 수 있다. 구체적으로 말하자면 '힐링'과 함께 '객관적 직시와 문제해결'이라는 아픔을 함께 겪어야 한다는 의미다.

한쪽의 긍정적인 면이 부분(현실, 지금)에서 보이고 판단될지라도 반대극의 부정적인 면을 전체(현실부터 미래까지, 나중)로 감안해서 현실의 긍정이 부정일 수 있으리라는 판단을 내려야 한다. 지금은 격려와 위로가 달콤하고 맘을 달래줄 지(긍정) 모르겠지만 이는 오히려 보이지 않는 갈등의 골(부정)을 더 깊게 만들고 스스로는 문제로부터 회피하는 성향만 키워주는 것이니 결코 긍정이라 할 수 없다.

우리사회가 안고 있는 자살률, 우울증, 치매와 같은 정신질환의 급증, 가족의 해체 등 극단적 단면이 이 같은 사실을 여실히 보여준다. 아동청소년 자살원인의 1위가 가정문제다[2]. 아이를 위해 희생하는 대한민국부

2) 보건복지부가 5년마다 실시하는 '2013년 한국 아동종합실태조사' 결과를 보면 우리나라 전체 아동의 삶의 만족도는 100점 만점에 60.3으로 OECD 회원국 가운데 최하위이다(New daily, 2014.11.04).
한국 초 · 중 · 고교생들이 지난 5년간 평균 3일에 1명꼴로 스스로 목숨을 끊은 것으로 나타났다. 원인으로는 가정 문제가 가장 많았고(1위), 우울증과 성적 · 진로도 영향을 끼친 것으로 조사됐다.(중략) 자살 학생수는 2010년 144명, 2011년 144명, 2012년 143명, 2013년 124명, 2014년 9월 현재 75명이다. 절대 수치는 정체 또는 감소 추세지만, 인구 감소로 학생 수가 주는 추세를 고려할 때 자살률이 높아지고 있다고 봐야 한다는 지적이다(한겨레 뉴스, 2014. 9. 28)

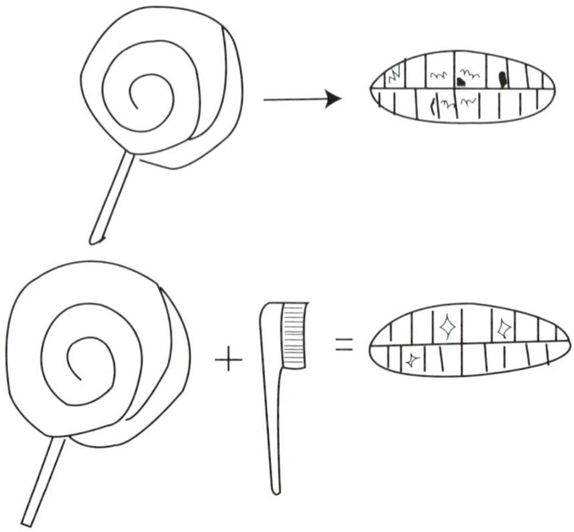

힐링의 달콤함 = 썩은 치아
힐링의 달콤함 + 문제해결의 양치 = 건강한 치아

모들은 과연 누구를 위해 무엇을 하였는가. 부분의 긍정이 전체로 부정적 결과를 낳은 것이다.

따라서, 긍정과 부정이라는 극과 극의 대립점은 그래서 함께 존재해야만 긍정이다.

아이에 대한 희생과 사랑에는 부정이 포함되어야 한다는 의미다. 그래야만 전체로 긍정적 결과를 가져올 수 있다. 쉽게 말하자면, 못하는 건 못한다, 미울 땐 밉다, 갖지 않아야 할 것은 가질 수 없다 등 객관적으로 냉정해야 할 부분은 냉정하게 현실을 인식시켜주고 도전과 용기를 스스로 갖게 한다면 긍정적 결과를 얻을 수 있을 것이란 말이다.

기쁨이 없으면 상대적 개념인 슬픔도 모른다. 슬픔이 없이는 기쁨이

뭔지 모른다. 결국, 슬퍼본 사람이 기쁨을 안다. 오랜 기간 헤어진 연인으로 인해 슬퍼하던 사람이라면 새로운 만남에 대한 기쁨이 더 클 것이다. 즉, 연인과 헤어진 후의 슬픔이 현재로선 부정이지만 전체로 보면 남자보는 눈과 갈등을 해결하는 능력도 더 키워주고 더 깊은 인연을 만나게 하는 긍정의 상황이었음을 알 수 있다.

다시 말해 슬픔과 기쁨이라는 양면에 놓인 대립의 감정은 순차적으로 오지만 전체로 보면 동시에 존재하기에 정서에 포함되어 있는 감정에는 상반된 성향을 띄는 양가성의 감정이 동시에 존재함을 알 수 있다.

이렇듯 부정적 감정도 긍정을 위해 꼭 필요한 감정이기에 부정+긍정1=긍정2이라는 결론에 도달하게 된다. 하지만 여기서 긍정1은 부정과 같은 차원의 대립감정이지만 긍정2는 전혀 다른 복합적이고 전체차원의 해석임을 알 수 있어야 한다.

결국, 긍정적 인간이 되라.는 의미는 이러한 부정을 포함한 전체차원의 긍정 2의 의미에서 이해되어져야 한다.

〈악의 투명성〉이라는 책에서 장 보드리야르는 우리 시대 문화의 특징으로 '긍정성'(positivity · 포지티브)을 든다. 우리가 흔히 '긍정적'이라고 풀이하는 영어 단어 '포지티브'는 원래 '결여되지 않은, 존재하는'이라는 뜻을 가지고 있다. 의학에서 '포지티브'는 '양성반응을 보이는', 즉 '예상하고 있던 특징이 실제로 존재하는'이라는 의미로 쓰인다. '긍정적'이라는 단어는 그래서 뭔가로 꽉 차 있는 이미지를 가진다. 우리 사회에서 '긍정적인 사람'이 언제나 뭔가를 부지런히 기획하고, 시도하고, 도전하는 인간을 지칭하는 것처럼 말이다.

긍정성에는 결핍이 없으며, 충만함만 있다. 긍정성의 문화는 내가 가진 모든 결핍과 결여를 보충하고, 제거하고, 그래서 결국은 '결여 없는 존재'로 나아가려는 욕망으로 추동되는 문화다. 보드리야르는 이러한 긍정성의 문화를 표상하는 이미지로 '그림자 없는 인간'이라는 표현을 사용한다. '그림자 없는 인간'은 존재 자체를 표백시켜 버린 인간을 의미한다. 단점을 없앨 수 있고, 결여는 채울 수 있다는 믿음, 즉 노력만 한다면 나의 어두운 '그림자'를 없애버릴 수 있다는 믿음이 '그림자 없는 인간'을 만들어낸다.

긍정성의 문화가 지배적인 곳에서는 여지없이 '그림자 없는 인간'이 양산된다. 미용 성형수술의 유행은 대표적인 사례다. 2011년 기준 성형시술 건수 세계 1위인 한국에서 성형수술은 무엇인가? 그것은 내 신체를 '주조'함으로써 내 결여를 채울 수 있다는 믿음의 이름이다.

1990년대에서 2000년대 초까지는 형편이 어려운 가족의 사연을 통해 그들의 허름한 집을 고쳐주는 프로그램이 유행했다. 2000년대 이후에는 집중 트레이닝을 통해 성적을 올려주는 프로그램이 생겼다. 그리고 2010년대가 지나면서 신체를 완전히 변화시키는 프로그램이 탄생했다. 집도, 학교도, 이제는 신체의 아름다움에 비하면 영향력이 떨어진 것이다. 이는 제조와 정보를 넘어 몸 자체, 삶 자체를 가공함으로써 이를 '시장'으로 삼는 오늘날의 자본주의 전략과도 맞물려 있다. 신체의 강인함과 아름다움이 '경쟁력'이라면, 우리는 마땅히 그곳에 '투자'하고 그곳을 '경영'해서 '이익'을 내야 한다. 신체의 그림자를 없애는 시장의 확대는 정신의 그림자를 없애는 시장(자기계발, 힐링)과 결합함으로써 삶 전체의 그림자를 없애는, 즉 완벽한 '긍정성'의 문화를 향해 가고 있다.

이 완벽한 긍정성의 문화는 역설적으로 완벽한 부정성의 문화이기도 하다. '그림자 없는 인간'은 실체 없는 인간, 곧 시체, 귀신, 혹은 유령의 다른 이름인 것이다. 성형한 아름다움이 넘치는 곳, 자기계발의 성실함이 넘치는 우리 사회에서 '죽음'의 소식 역시 넘쳐나는 것은 이 때문이다. 부정성마저도 긍정할 수 있는 긍정성이 아닌, 더 큰 긍정성을 위해 작은 부정성마저도 제거해버리는 문화는 역으로 감당할 수 없이 거대한 부정성의 역풍을 예비하고 있는 셈이다. 그런 점에서, 그림자를 없애버린 이 시대는 어쩔 수 없이 파국의 그림자를 불러들일 수밖에 없는 것이다.

_문강형준, 〈그림자 없는 인간〉 중에서, 2013. 8. 30, 한겨레

Wisdom Training 20

융통(flexibility) VS 적합(fit)

적합(fit)은 정확하게 고정되어 있는 정형화된 개념이며 반면, 융통(flexibility)는 자유롭게 고정되어 있지 않은 유동적인 개념이다.

융통 VS 적합.

이 둘은 대립점에 위치하지만 함께 존재할 때 가치있는 개념이다. '정확한 사람 vs 융통적인 사람' 가운데 누가 더 정서능력이 뛰어난 사람일까?

아무도 한쪽을 말할 수는 없을 것이다.

정확하게 융통적이어야 하기 때문이다.

이는 어떤 상황이냐에 따라 그 상황에(in time) 맞는(fit) 판단을 내려야 하며 그 상황이 지나고 다른 상황이 오면(on time) 그 때 다시 그 상황에 맞는(in time) 또 다른 판단을 내리는 융통적(flexibility)이지만 적합성(fit)을 가진 능력이 갖춰져 있어야 한다는 말이다.

그래서 사람이 살아가는 데에는 이 두 가지의 상반된 개념이 내 몸에 체화되어 닥친 상황이 어떤 상황인지 판단해내는 객관성과 그 객관성을

한 모습에 머물지 않고
증기로,
구름으로,
비로...
쓰임을 다 하는 물처럼...

해석해내는 주관적 능력이라는 또 하나의 상반된 개념이 가미되어 현명(wisdom)한 결과를 도출해 내는 것이다.

'사람이 정확하지 않아'. '저 사람은 융통성이 없어.'란 말들을 흔히 하지만 이 말의 본질은 '정확하지 않거나', '융통성이 없거나'의 문제가 아니라 in time과 on time인 것이다. 정확할 때 정확해야 하고 융통적일 때 융통적이어야 하는데 대립점의 두 개념을 제 때 활용하지 못한 것이다.

사람은 정확하지 않고 융통성이 없을 수 있다. 정확하지 않은 사람이거나 융통성이 없는 사람이라서가 문제가 아니라 정확할 때와 융통성이 필요할 때를 잘못 판단하는 것이 문제인 것이다.

즉, 정확성만 있고 융통적이지 않다거나 너무 융통적이어서 정확하지 않은 것이 아니라 제 때(timely) 자신의 능력 가운데 쓰임새 있는 것을 꺼내 쓸 줄 알아야 한다는 말이다.

상황에 따라 융통성없이 정확해야 하고 정확하지 않게 융통적이어야 한다. 전체에서 공존하는 이 대립된 둘을 상황에서 하나씩 잘 꺼내쓰면 되는 것이다. 그래서 이 둘은 순처적이면서 동시에 지녀야 한다.

Wisdom Training 21

지구력 vs 순발력

'한 자리에 앉아 오래 공부할 수 있도록 돕는'.

즉, '인내, 지구력'을 키우려면 어떻게 해야 할까?

지구력(持久力), 어떤 일을 오래 해낼 수 있는 능력, 영어로는 staying power, endurance로 해석된다. '오래(持久, staying)'가 왜 '능력(力, power)'일까? '능력'은 남들과 구별되는 자기의 경쟁우위 역량이다.

'오~래' 게임하라고 하면 '오~래' 할텐데, '오~래' 공부하라고 하면 힘들다.

결국, '오래'가 본질이 아니라 '하기 싫거나 어려운 것을 오래'가 본질이다.

오래 견디고 오래 참고 오래 버틴다는 것은 어려운 일이다.

그런데 '오래'가 도대체 얼마만큼인가? 가늠할 수 없다.

'남보다 오래'이기 때문에 '남'이 얼마나 오래인지를 알아야 내 '오래'능력을 키울 수 있다. 다시 말해 '내 기준에서 오래'는 능력이 아니라는 의미다.

지구력을 키우려면 상대가 남이 되어야 하는데 남을 알려면 나를 우선 알아야 하기에 '나' 자신에 대한 인지가 더 우선되어야 하고 '내 기준에서 오래', 즉, '내가 버틸 수 있을 만큼 끝까지' 해본 자가 '내 기준에서 오래'를 너머 '남보다 오래'가 가능한 것이다.

'내가 버틸 수 있을 만큼 끝까지' 해본다는 건 또 얼마나 어려운 일인가.

어려서부터 'ㅁ' 이라는 응얼거림만 있어도 '물'이 대령되고 배가 꺼지기도 전에 음식이 입속에 넣어지고 쉬를 참기도 전에 종이컵으로 '쉬..쉬'하고 넘어지면 아프기도 전에 엄마가 먼저 '아프지?'하고 묻는 탓에 오히려 아파야 하나보다 울음주머니를 터뜨리고 조금만 더 걸으면 목적지인데 '다리 아프지?' 업어주고... 여하튼, 우리는 '오래' 무언가를 '버텨보게' 자라지를 못했다.

버틸 만큼 버텼다면, 그래서 '버티면 해결책이 있구나'를 알게 했다면 이렇게 자살률로 나라가 몸살을 앓지는 않을 것이다.

다시 말해, 어려서부터 '버텨' 보지 못한 채 공부라는 대적을 만났다면 갑자기 '지구력'을 키울 수는 없는 것이다.

참을 만큼 참아보고 고통도 느낄 만큼 치열하게 느껴보고 나 자신이 정한 기준보다 '조금 더'를 외쳐본 사람이 그 인내 끝에 갖게 되는 능력이 바로 지구력인데 어떻게 이 능력이 한 순간에 갑자기 키울 수 있게 되는가. 어렵거나 하기 싫거나 먹기 싫거나 이 모든 생활의 순간순간에서 자기 자신을 조절하고 참고 이겨봐야 키울 수 있는 능력이다. 조절력이나 통제력이 없이는 키울 수 없는 능력이기도 하다.

계속 언급하는 말이지만 모든 것에는 양면의 대립점이 존재하기에 하나의 능력이 키워지면 대립점에 있는 또 하나의 능력도 함께 맞물려서 키워진다.

공부를 오랫동안 버티며 할 수 있는 아이는 공부로 인한 시간을 오래 사용해야 하기에 남은 시간내에 다른 것들을 더 빠르게 처리할 수 있는 능력도 함께 키워진다. 사람에게 주어진 똑같은 24시간을 활용하면서 무언가 남과 다르게 가진 능력이 있다면 '남과 다른', 그 능력을 키우기 위해 나머지 시간은 그 능력외의 일상적 생활을 유지하는 것에 활용할 수밖에 없다. 기본적으로 사람은 먹고 자고 배설하고 관계를 유지해야 하니까.

즉, 다른 시간을 더 규칙적이고 효율적으로 활용할 수 있어야 오랜 시간 공부에 몰입할 수 있으니까 공부하는 지구력 외에는 효율적으로 빨리 처리하는 순발력이 생길 수밖에 없는 것이다.

지구력과 순발력.

하나를 오래동안 지속적으로 할 수 있다는 것은 동시에 무언가를 효율적으로 재빨리 처리할 수 있다는 의미가 내포되어 있다.

22

Wisdom Training

경쟁 VS 공유

'글로벌'이란 단어는 우리 모두가 하나의 세상에서 산다는 의미이기에 서로간의 경계를 허물어야 가능하다.

경계없는 세상에서 우리는 살고 있고 앞으로는 더더욱 물리적인 경계는 없어지고 네트워크로 모든 것이 연결된 세상에 살게 될 것이다.

경계가 없음은 곧 보호받을 울타리가 없다는 의미를 품고 있는데, 다시 말해 국가간의 경계가 확실했던 시대에는 자기나라에서 어떻게 하면 잘 먹고 잘 사는지 알았지만 세계라는 넓은 시장에선 더더욱 많은 변수들을 알지 못하면 지금과 같이 잘 먹고 잘 사는 것을 유지하기 어렵다는 의미이다.

조직도 마찬가지다. 사회체계 안에서 조직의 경계가 뚜렷하다면 평생직장이라는 개념 속에 안주해 자신의 숙련된 노동만으로도 조직이라는 울타리 안에서 잘 먹고 안정되게 살 수 있었지만 이제 조직의 경계도 무너진, 통합의 시대이니 자신의 노동기술만으로는 지금의 영화를 누리긴 힘들게 되었다.

조직과 사회, 국가의 경계가 허물어짐은 즉, 개인의 경쟁력이 그 어느 때보다 필요하다는 의미가 된다. 경쟁은 더욱 치열해진다는 뜻이다.

그런데, 글로벌의 지향점은 '더불어', '소통'해야 하는 '공공(Common)'에 있다. 개인의 경쟁이 더더욱 치열해짐과 동시에 공유는 더욱 요구된다.

경쟁을 해야 하는가.

공유를 해야 하는가.

이 둘을 이분법으로 나누면 경쟁이냐 공유냐 둘 중 하나를 택해야 하지만 배제된 사고를 끄집어내어 보면 이 두 단어는 동시에, 연속선상에 놓여 있음을 알 수 있다.

지금까지 우리는 하나의 파이를 똑같이 나눠 먹는 제로섬(Zero-sum) 경쟁을 했다. 하지만 지금의 시대는 파이의 크기를 함께 더 크게 키운 후 서로 더 많이 나눠갖자는 넌제로섬 (Nonzero-sum, Positive-sum) 경쟁을 한다.

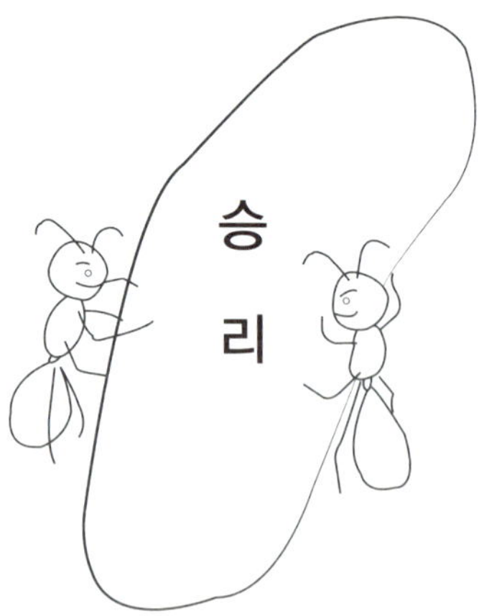

"NONZEROSUM"
승리 → Synergy

바로 이것이다.

경쟁과 공유는 동시에 이뤄져야 한다.

바로 이것이 진정한 시너지(Synergy)다.

또한 진정한 경쟁은 나 자신과 하는 내면의 것이며 공유는 타인과 이루는 외부의 것이다.

경쟁은 어제의, 과거의 자신과, 공유는 시너지를 이루기 위한 인적, 물적 환경자원과 함께 하는 것이다.

이런 이유로 경쟁이 옳다 그르다는 논쟁은 무의미하다.

진정한 경쟁의 의미를, 진정한 공유의 의미를 알면 경쟁도 공유없이는 존재 가치가 없고 공유도 경쟁없이는 존재 가치가 없음을 알기에 경쟁도 공유도 제대로 행해야 하는 것이다.

결국, 경쟁도 공유를 위한 결과가 될 수 있고 공유도 경쟁이라는 결과로 나타날 수 있다. 경쟁을 위한 공유, 공유를 위한 경쟁이 필요하다.

진정한 경쟁과 공유를 이루면 경쟁에서 승리할 확률이 높아지지만 그렇지 못하다면(타인과 경쟁하고 자신과 공유하는) 패배의 확률이 높아질 수밖에 없다.

결국, 패배자는 자신과의 경쟁에서 진 것뿐만 아니라 자신을 둘러싼 외부환경에서도 '함께'를 이뤄내지 못하는 결과를 가진 자다.

자신과 경쟁하고 외부와 공유한다면 진정한 인생의 승리자(무엇과 비교된 승리자가 아닌, 자기 자신의 성공과 만족 정도에 대한 승리)가 될 수 있다.

ABBA (아바)

더 이상 할 말도 없고 더 이상 쓸 에이스 카드도 없다.
승자가 모든 걸 독차지하고 패자는 승자 곁에 초라하게 남는다.

주사위를 던지는 신의 마음은 냉정하기 그지 없으며
하늘 저 아래에서는 누군가 패배를 맞본다.
승자가 모든 걸 독차지하고 패자는 몰락할 수밖에 없는
아주 간단하고 명료한 것이기에 불평할 이유가 없다.

심판이 결정을 내리겠지.
나와 같은 사람은 그에 따라야 하고
경기의 관중들은 언제나 그렇듯 숨죽이고 있고.
또 다시 게임은 시작되고 연인이든 친구이든 크건 작건
승자가 모두 독차지할 것이다.

_The Winner Takes It All 中에서

23
Wisdom Training

신중(집중) VS 직관

우리는 하루에도 수십, 수백 가지의 선택을 해야 한다.

어떤 이는 참으로 현명하고 지혜로운 선택으로 좋은 결과를 낳지만 어떤 이는 늘 한치 앞도 못 내다보는 선택으로 어리석은 결과를 낳는다.

이러한 선택상황에서 우리는 이성적으로 나의 지식과 능력을 동원한 집중과 신중을 기해야 할까, 아니면 '촉'이라 불리는 감정에 의존한 직관[1]에 의지해야 할까?

많은 심리학자와 뇌연구가, 인지연구가들은 직관은 우리의 오감으로, 이성으로 풀리지 않는 수많은 지혜로워야 할 상황들을 풀 수 있는 마스터키로서의 검증을 위해 수많은 연구와 실험을 거듭해 나가고 있다.

1) 직관은 전략적 직관을 의미하는 것으로 오랫동안 고민하고 있던 문제를 한 순간에 해결해주는 섬광같은 통찰력, 선명한 생각, 육감을 뛰어넘는 특수한 형태의 감각. 빠르고 익숙한 상황에서만 작동하는 '전문적 직관', 모호한 감정이나 본능적인 직감같은 '평범한 직관'과는 다른, 익숙한 상황이 아니라 새롭고 낯선 상황에서 작동하는 직관을 전략적 직관이라고 정의한다. 제7의 감각-전략적 직관- 윌리암 더건, 비즈니스 맵

이 의미는 예지와 통찰을 의미하는 직관력(Intuition)이 과학적으로 검증이 가능한, 그래서 키울 수 있는 인간의 능력이라는 의미로 해석될 수 있다.

사람들은 자기 자신이 이성적이며 합리적이라고 믿고 있지만 과연 그럴까?

'내 두 눈으로 똑똑히 봤다', '내 귀로 똑바로 들었다'라고 하지만 유명한 심리실험인 '보이지 않는 고릴라'[2]를 통해 알 수 있듯이 우리는 대개 이성적이지도 합리적이지도 못할뿐더러 자기 자신의 감각에 오류도 많다는 것을 인정해야 한다.

'생각에 관한 생각'의 유명한 저자이며 2002년 노벨상 수상자인 데니엘 카너먼(Daniel Kahneman)은 '우리 모두는 멍청하다'는 것을 깨닫는 것이 우선 중요하다고 언급하면서 우리를 어리석게 만드는 생각의 방식을 들여다보고 우리 모두가 멍청이임을 인정하고 자기 자신을 의심할 줄 알아야 한다는 것을 다양한 실험들을 통해 주장해 왔다.

하지만 직관이든 집중이든 모두 나의 선택이다.

내가 직관적으로 판단을 하든, 집중해서 해석한 후 이성적인 판단을 하든 그 행위와 결정조차도 나의 선택이라는 것이다.

문제는 내가 어떻게 선택해 왔는지를 과거 경험을 통해 알아내는 것이 중요하다.

2) 크리스토퍼 차브리스, 대니얼 사이먼스가 공동 수행한 실험으로 '보는 것이 믿는 것이다'의 명제가 얼마나 큰 오도인지에 대해 보여주는 유명한 실험이다.

내가 스펙도 훌륭하고 주어진 자원이 좋은데도 불구하고 결과를 만들어내지 못한다면 나는 번번히 지혜롭지 못한 선택을 해온 자일 것이다.

반면 내가 별로 가진 것도 없고 자원이 부족함에도 불구하고 결과가 좋다면 나도 모르는 나의 인식밖의 세상, 지혜가 남다른 선택을 가져오게 한 것일지 모른다.

이제 결과로 자신이 어떤 선택들을 해왔는지 알아내 보자.

내가 가진 스펙과 자원으로 이성적인 선택을 해 왔다면 이제는 신중과 집중을 기하느라 자신의 본능적 감각을 밀쳐내지 말고 이제 자신의 직관에 충실할 필요가 있을 것이다.

또한 직관적으로 늘 선택해 왔는데도 결과가 좋지 못하다면 이제는 신중과 집중으로 이성적인 선택을 해볼 필요가 있다.

카너먼의 '생각에 관한 생각'에서는 인생의 근원인 생각을 크게 2가지로 구분해서 설명하고 있는데 직관을 뜻하는 '빠르게 생각하기(Fast thinking)'와 이성을 뜻하는 '느리게 생각하기(Slow thinking)'가 그것이다. 대니엘 카너먼이 제시한 생각의 2가지 방법의 깊은 속내가 바로 대립적인 양면은 동시에 그리고 순차적으로 주어지기에 함께 고려해야 한다는 지혜를 의미하는 것이다.

신중(집중)과 직관 모두 내가 나를 아는 것이 우선이어야 기를 수 있는 능력이며 선택상황에 놓였을 때 나의 의식(Consciousness)이 신중을 기해야 할 상황인지 직관에 맡겨야 할 상황인지를 판단하게 되는 것이기에 나의 의식을 확장(Expanding Consciousness)시키는 노력을 게을리하면 안 될 것이다. 바로 이것이 Wisdom한 판단을 해내는 능력이다.

선택이 간단할 때 인지적 뇌를 사용하는 것이 가장 좋은 결과를 가져오지만, 다양한 변수가 추가되면 감정적 뇌를 사용한 결과가 더 좋았다. Dijksterhuis는 "이 연구의 교훈은 분명하다. 의사 결정에 필요한 모든 정보를 얻기 위해 의식적 사고를 사용하라. 그러나 의식적 사고를 통해 이를 분석하려 하지 마라. 대신, 무의식이 이를 담당하게 놔누어라. 직관이 가리키는 것이 거의 분명히 최고의 선택일 것이다"고 언급했다.

_Lehrer, J. (2010). How we decide. New York, NY: Houghton Mifflin Harcourt. pp. 236–237

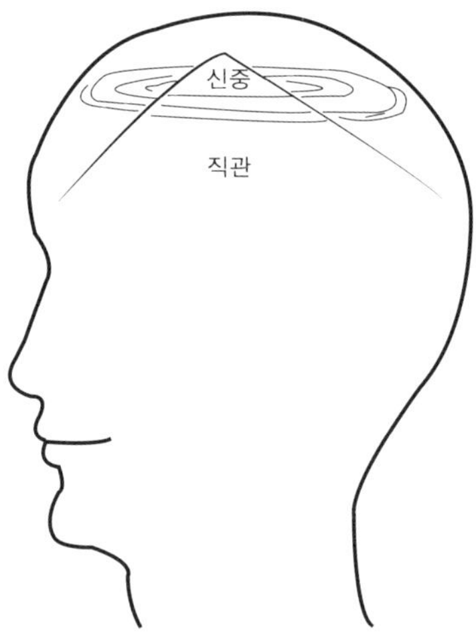

Wisdom Training 24

통념(주류) VS 비통념(비주류)

내가 가진 인식은 나 스스로 만든 것보다 환경에 의해 주어진 것이 대부분이다.

고유명사는 정해진 대로 내게 주입된 인식이고 동사는 사람들의 소통을 위해 공동으로 정해놓은 행동언어이며 형용사는 비교에 의해 만들어진 인지용어다.

예쁘다, 멋지다, 못났다, 아름답다, 바람직하다, 나쁘다, 좋다, 행복하다, 그르다, 옳다, 아프다, 등등 수많은 형용사는 그 자체 하나만으로는 의미해석이 어렵다.

예를 들어, '예쁘다'는 것은 어떤 기준보다 예쁜 것이지 그냥 예쁘다는 있을 수 없다. 예쁘지 않다. 가 존재하니 상대적으로 예쁘다가 존재하는 것이다.

옳다와 그르다 역시 마찬가지다.

정답과 오답처럼 확실한 지식이 아니고서는 어떤 상황이냐에 따라 기준이 정해지고 그에 대해 옳다와 그르다가 정해진다. 가령 예를 들어 '거짓말은 그르다'라는 문장은 거짓말이 그르게 적용될 경우에만 해당

된다. 선의의 거짓말이 필요한 곳에서는 '거짓말은 옳다' 여야 한다.

이렇게 나도 모르게 내 머리속의 인식은 거의 대부분 나도 모르게 주어진 것들로 가득 차 있다.

지식과 정보 역시 내가 만든 것이 아니라 타인에 의해 만들어진 것들을 내가 배우고 익혀서 내것인 양 사용하는 것들이다. 결국, 나 스스로 만든 나의 것보다 나도 모르게 주입되어 형성된 나의 인지와 인식이 더욱 많다는 의미다.

그러니 우리는 내 인식의 한계를 뛰어넘어야 한다. 내 것이 있어야 한다. 내 것이 있어야 비판도 하고 평가도 하고 이를 통해 새로운 창의가 발현되는 것이다.

이것이 비통념, 비주류다.

그런데 자신의 인식의 한계를 모르면 그 한계를 뛰어넘지도 못할 뿐 아니라 '창의'란 있을 수 없을 것이다.

'도전'도 '모험'도 존재할 수 없다.

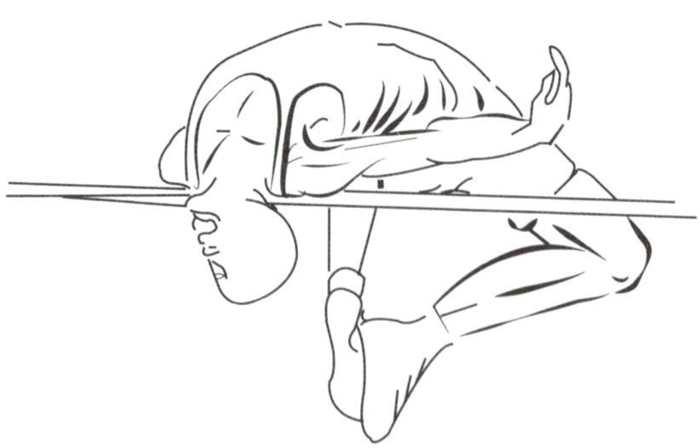

인식의 한계를 뛰어넘은 비통념적 사고.
이것이 창의다.

인식을 넘어서고자 하는 지성인들이 있기에 우리 사회는 익숙해져 있던 수많은 이론이 재정립되고 새로운 이론이 도출되고 또 그 벽을 넘어 연구와 연구가 거듭되는 것이다. 이론이란, 어찌 보면 과거부터 현재까지의 검증된 결과의 산물이지 미래에 대한 결과는 아니다.

결국, 내가 통념적 사고로 주류로 사는지 비통념적인 사고로 비주류로 사는지는 대립이 될 수 없다. 통념적으로 사고하며 주류에서 살지만 항상 비통념적인 사고로 비주류를 향해야 한다. 그래야 오늘을 넘어선 내일을 만들 수 있다.

어제와 같은 오늘, 오늘과 같은 내일이라면 발전은 없지 않은가.

창의, 창조란 없지 않은가.

통념이다 비통념이다를 구분하지 말자.

어제의 비통념은 오늘의 통념이 된다.

오늘까지의 이론이 뒤집혀 새로운 이론이 되고

오늘까지의 지식이 뒤집혀 신지식이 탄생한다.

오늘까지의 경험을 바탕으로 새로운 모험이 시작되는 것이기에 어제의 비통념은 오늘의 통념으로 보편이 되는 것이다.

이것이 성장이고 발전이다.

즉, 통념은 오늘의 생활에서, 비통념은 내일의 생활에서 필요한 것이기에 이 둘은 동시에 순차적으로 존재하는 것이다.

또한 세상은 통념인데 나는 비통념이다라고 두려워 말자.

나의 통념(인식)을 넘어서 비통념적인 사고를 하는 것이 창의이며

세상은 이렇게 인식의 한계를 넘어서는 자가 이끄는 것이니.

"지식인은 경계 밖으로 끊임없이 스스로를 추방하는 자이다.
집단적 사고, 계급 인종 같은 특권의식에
의문을 제기하는 사람이며,
관습적인 논리에 반응하지 않고
모험적 용기와 변화의 재현과
움직이는 것에 반응하는 자이다."

_에드워드 사이드〈지성인의 표상〉에서

25 Wisdom Training

차별 vs 평등

누구나 평등한 사회를 원한다.

우리는 사람들과의 관계 속에서 살아가는 사회적 동물이기에 '누구와 비교해' 평등하지 못하다면 무진장 억울해 하고 분노한다.

사람들이 평등을 원한다는 것을 달리 말하면 차별을 원하지 않는다는 것이다. 평등은 옳은 것이고 차별은 그른 것이라는 이분법이 내포되어 있다.

그런데 아이러니하게도 우리는 차별[1] 속에서 생활하고 있다.

어른과 아이, 남자와 여자, 부모와 자식, 상사와 부하직원, 선생과 제자, 첫째와 둘째가 그렇다. 잘사는 나라와 못사는 나라, 학벌이 높은 자와 그렇지 못한 자가 그렇다. 사회의 주류와 비주류, 돈이 많은 자와 적은 자가 그렇다. 이 외에도 수없이 많을 것이다.

1) 여기서는 차별과 차이를 사전적, 학문적 의미로 굳이 나누지 않으려 한다. '차이로 인해 발생하는 구별'이 '차별'이므로 차별은 차이를 포함하는 개념으로 정의할 수 있기 때문이다.

왜?

'관계'의 속성이다.

'관계'란 '서열(계층, hierarchy)'을 포함하고 있다.

사람들은 '관계'를 통해 자신의 이익과 유능을 도모한다. 그러하기에 이끄는 자가 존재하고 따라야 하는 자가 생길 수밖에 없다.

우리가 '관계'를 무시하고선 사회적 동물이라 할 수 없기에 '서열(계층)'이 없이는 지속적인 관계를 유지할 수 없는 것이다.

그래서 작든 크든 조직은 '체계'로서 서로 유기적이고 비선형적으로 연결지어져 있는 것이다.

가장 미시체계인 '가족'만 봐도 알 수 있다.

아버지(또는 어머니, 또는 가족 중의 핵심인물)를 중심으로 가족간의 서열이 정해진다. 조직은 커질수록 더욱 체계적이어야 하기에 서열관계, 즉, 위계질서는 더욱 복잡 다양해질 수밖에 없다. 결국, 체계를 유지하기 위해서는 서열(계층)에서 오는 '차별'이 존재해야만 한다는 논리다.

그런데 우리의 인식은 왜 '차별'은 그르고 '평등'은 옳다고 여기는 걸까? 이는 공평함과 부당함으로 해석할 수 있다. 초등학교의 한 학급에서 토론이 벌어졌다.

'여자는 힘이 약하니 가벼운 것을 들고 남자는 힘이 세니 무거운 것을 들어야 한다'에 대해 찬반이 벌어진 것이다.

당연히 아이들은 '힘이 센 여자도 있다, 힘이 약한 남자도 있다. 남녀 구분하지 말고 똑같이 들어야 한다' 등 의견이 분분했을 것이다.

여러분들은 어떻게 생각하는가.

이 토론은 과연 공정한 토론인가.

토론의 주제에는 '여자는 힘이 약하다. 남자는 힘이 세다'라는 의미가 숨어 있다. 이러니 학생들의 반발이 드센 것이다. 아픈 남자는 힘이 약하고 덩치가 큰 여자는 상대적으로 덩치가 작은 남자보다 힘이 세다.

그러니 이 토론은 '힘이 센 사람이 무거운 것을, 힘이 약한 사람이 가벼운 것을 들어야 한다'로 다시 정리되어야 바람직하다. 바로 이것이 공평이다. 힘이 세니 무거운 것을, 힘이 약하니 가벼운 것을 들어야 하는 것이다.

그러니 남자가 힘이 세다면 무거운 것을 드는 것이 공평하다.

어른이 아이보다 힘이 세다고 하지만 할머니는 힘이 약하니 상대적으로 힘이 센 손자가 짐을 들어주는 것이 공평한 것이다. 이것을 우리는 흔히 '차별'이라고 말하지는 않지만 이 역시 '차이로 발생하는 구별'인 '차별'에 속하는 것이다.

이렇게 도덕적인 잣대를 들이대면 '이게 무슨 차별인가'라고 하겠지만 좀 더 심오한 잣대를 들이댈 때 우리는 차별을 마치 불평등에서 오는 부당함으로 인식하는 경우가 왕왕 있다.

퇴근한 아빠에게 설겆이를 부탁하는 엄마. 엄마는 왜 자기만 설겆이를 해야 하냐고 부당함을 호소한다. 회사의 사장은 매일 출근하지 않지만 신입사원은 출퇴근 시간을 어기면 징계를 받는다. 학벌이 같을 경우 외모에서 호감도가 좋은 사람이 면접에 합격할 확률이 더 크다. 숱하게 많은 이 같은 삶에서의 경우의 수들은 차별인가 아닌가.

물론 차별이다 아니다를 무자르듯이 정할 수는 없다.

그래서 '기준'은 '역할'에 있어야 한다. 자신이 맡은 '역할'은 해야 하는 것이다. 역할, 즉, 의무를 하면 권리가 생기고 권리를 누릴 자유가 생긴다. 그러면 역할(의무)은 더욱 노련하게 처리할 수 있고 자신에게 주어진 자유는 더욱 커진다.

더 큰 자유로 자신은 더 나은 역할(의무)을 책임질 역량이 연마되고 더욱 큰 권리로 인해 더 커진 자유를 누리게 된다. 즉, 다시 말하자면 '역할'이란 잣대로 기준을 삼으면 '차별' 역시 역할로 인해 주어진 것이니 부당할 리 없다는 논리다.

가족체계에서 가장은 가장으로서의 역할이 있고, 첫째는 첫째로서, 막내는 막내로서의 역할이 있다. 이렇게 각자의 차별화된 역할을 인지하는 것이 우선되어야 화목한 가정을 이룰 수 있다.

직장생활도 마찬가지다. CEO는 그에 맞는 역할을, 부장, 과장, 신입사원 모두 주어진 역할을 하는 것이지, 차별이다 아니다를 논할 수 없는 '관계속의 역할'을 해야 하는 것이다.

'수평적인 가족관계', '수평적인 상사부하관계'를 원한다면 각자 개인에게 주어진 역할에서 '차이로 인해 발생하는 구별', 즉, 차별이 먼저 인정되고 수용되어야 한다.

그리고 실천하면 바로 이것이 수평인 것이다.

결국, 수직이 존재하는 수평이 진정한 수평관계인 것이지, 수직이 없는 수평은 진정한 수평관계라고 할 수 없다. 차별이 존재하는 평등이 진정한 평등인 것이지 차별없는 평등은 '관계없는 삶'이라 할 수 있다.

차별과 평등.

이 둘의 관계 역시 나의 위치에서 주어진 나의 역할을 행하는 데 있어 함께 공존해야 하는 것이다.

차별없는 세상은 없다.

차별이 존재해야 평등한 세상이 존재할 수 있기에 우리는 자신의 위치를, 현실을 인정하고 '차이로 발생한 구별'을 직시하고 실천해야 한다. 그것이 평등한 사회를, 수평적 관계를 향하는 길이다.

사회체계를 유지하기 위해, 조직에서, 가정에서, 내가 속한 모든 곳에서의 '차별'은 주어진다. 다시 말해, 차별은 외부에서 역할에 의해 존재할 뿐이다.

하지만 내가 그러하듯 상대도, 조직의 구성원들도 각자 자신의 역할을 수행하는 것일 뿐이기에 평등은 내면에서 존재할 수 있다.

즉, 체계를 위한 필수조건인 차별은 외부에서, 진정한 평등은 내면에서 공존해야 한다.

나는 친구가 많지 않다.
친구 많은 사람 좋아하지도 않는다.
인맥을 펀드마냥 자랑하는 사람들 혐오한다.
가치관에 대한 이해가 있으면서 서로를 객관화해서
독한 이야기할 수 있는 사람들 이외에는 가까이 두지 않는다.
내 아까운 시간, 굳이 존대해 가며 쓸데없는 수사와 거품과 치장으로 어려워해야 할 사람들과는
공유하고 싶은 마음 1그램도 없다.

그러니까 이해하든지 미워하든지 자유인데
아무튼 존대를 하지 않아도 하대가 되지 않는,
그러면서도 공평하고 공정하고 독할 수 있는 사이가 아니면
나는 그냥 피와 살 같은 시간 투자해서 안 만난다고. 그런 이야기.

_[대한민국표류기] 中에서, 허지웅 저

Wisdom Training 26

유(有) VS 무(無)

색즉시공 공즉시색(色卽時空 空卽時色).

있는(色) 것이 없는(空) 것이고 없는(空) 것이 있는(色) 것이라는, 반야심경의 이 말은 온 세상이 모든 것(있음)에서 생겨나고 '있음'은 '없음'에서 생겨났다는 말이다. '나'는 '나 아닌 모든 것'이 존재할 때 가치가 있으며 '너' 역시 '나'가 있어야 불리울 수 있는 것이다.

또한 이 말은 시간과 변화라는 큰 맥락을 품고 있는데 우리가 사람이 죽었을 때 '죽었다'를 '돌아가셨다'라고 하듯이 우리 모두는 현상세계인 상대세계에서 존재세계인 절대세계로 사라지는 것이지만 이는 다시 윤회해 '돌아가셨다', '되돌아간다'는 변화로 표현하는 것이다.

이런 의미로 볼 때 모든 체계는 순환되며 '나'라는 존재는 '나를 둘러싼 나 아닌 모든 것'과 연관되어 존재가치가 있고 '있는 것(有)' 역시 '있는 것을 제외한 모든 것'과 연관되어 의미가 있다.

H_2O는 수소와 산소의 결합이지만 '물'이라는 다른 차원을 탄생시킨다.

하지만 '물'이라는 차원에서 수소와 산소가 사라지는 것은 아니다. 전기도 마찬가지다. N극과 S극의 양극이 존재해야만 전기라는 새로운 다른 차원이 형성되지만 새로운 차원안에 N극과 S극은 여전히 존재한다.

밤은 낮이 있어야 존재하고 낮은 밤이 있어야 존재한다. 지구 한쪽이 낮이어야 반대편의 달에 해를 비춰 달빛을 만들 수 있다. 이렇게 서로 대립점이 존재해야 하는 것이 진정한 균형이며 조화다.

결국, 유(有)와 무(無)는 대립이 아니라 상호 함께 존재해야만 하는 관계인 것이다. 다시 말해, 둘이 함께 존재할 때 하나가 된다. 너무 강해 자신이 드러나는 쇠는 잘 부러지지 않는다. 있음(有)이다. 반면 너무 약해 보이지도, 잡히지도 않는 공기는 없음(無)이다.

하지만 쇠는 쇠 자체로는 가치가 없다. 쇠를 녹여 약하게 만들어야 그릇도, 칼도 만들 수 있다. 반면 공기는 없는 것처럼 보이지만 온 천지를 가득 채운다.

이런 의미에서 '여백'이란 '없음'이 아닌, 전체의 '있음'인 것이다. '보이지 않고 드러나지 않는 없음'이 '있음(有)'을 드러나게 하고 모든 것을 다 채운다.

강한 것은 드러나 약해지고 약한 것은 보이지 않게 강하다. '있음'은 없을 때 가치가 있고 '없음'은 '있음'을 존재케 한다. 이러한 양극의 존재가 진정한 조화이며 균형이기에 우리는 남자와 여자, 음과 양, 유와 무, 강함과 약함, 하늘과 땅, 낮과 밤, 지구와 우주, 산과 바다, 인간과 자연..... 이 모든 단어를 반대나 대립이 아닌, 공존으로 이해해야 한다.

하나가 없으면 나머지 하나도 존재할 수 없기에 양극에서 따로 그리고 함께 존재해야만 하는 것을 알아야 한다.

이러한 양극의 존재를 동시에 그대로 인정하는 것이 삶의 진리이자 이치다.

27

Wisdom Training

기대 vs 실망

'기대에 못 미쳤다', '기대했는데... 실망이다', 우리는 모두 기대치를 관리(Management)하질 못한다. 기대를 스스로 만들고 그 만큼의 실망도 자초한다. 기대는 미래에 일어날 결정에 있어 긍정적인 생각만을 한 것이다.

그저 지금의 내 역할, 내 일을 하면 되는 것을 그로 인해 잘 되는 긍정만을 계산한 것이 기대다. 그러니 그만큼에 이르지 못하면 실망감을 갖게 된다.

그렇다면 기대가 없으면 실망도 없는 것이니 그 어떤 것에도 기대를 하지 말란 말인가.

아니다.

기대를 관리하면 된다.

내가 10만큼의 노력을 거치면 10만큼만 기대하면 된다. 10만큼 노력하면서 기대는 그 이상이니 오버된 만큼은 계산상 실망으로 따라오는 것이다.

가령, 연애 때는 이 사람과 결혼을 하면 너무 행복할 것이다.라고 생각한다. 대부분의 사람들이 '연애 때와는 달리 사람이 변했다'라고 한다.

과연 그럴까?

사람이 변한 것이 아니라 상황이 바뀐 것이다. 애인 → 남편으로, 남편 → 아이아빠로 바뀐 것이다. 그에 맞게 나의 기대, 나의 역할, 상대에 대한 역할도 관리를 해야 하는데 그러지 못하니 괜히 상대방이 변한 것으로 탓을 해버린다.

내가 100점을 받으면 엄마는 감동받을 것이라 생각한다.

하지만 100점짜리 점수를 가지고 가도 엄마는 그냥 잘했다. 정도로 그친다면 아이는 실망한다. 엄마가 감동받을 줄 알았는데 그 정도의 칭찬이 맘에 들지 않는 것이다.

100점이라는 점수에 엄마보다 자신이 더 만족하면 될 것을 엄마의 피드백에 대한 기대치를 관리하지 못한 것이다.

남편이 이번 결혼기념일엔 멋진 이벤트를 해줄 것으로 기대한다. 하지만 남편은 조용히 둘만의 시간을 가질 계획을 했다. 아내는 곧 실망하지만 이 역시 아내 스스로 기대를 만들고 스스로 그만큼 실망하는 것이지 남편이 실망을 준 것은 아니다.

회사에 취직하면 뭔가 근사한 일이 벌어질 것 같다.

자신의 능력을 인정받고 승진도 계획대로 될 것 같다. 하지만 막상 취직한 젊은이들은 언제 그랬냐는 듯이 '이 놈의 회사 내가 안다니고 말지~'를 입에 달고 산다.

회사탓이 아니다. 자신이 자신의 능력과 회사에 대한 무모한 기대를 했기에 기대 이상의 실망을 갖게 된다.

기대를 관리했어야 한다.

이제 '기대안에 실망을 넣어서' 기대를 관리해 보자.

그러면 어떤 결과에서도 실망보다는 기대에 대한 만족이 조금이라도 더 클 것이다.

기대를 말지...

실망할까봐 기대도 안한다...가 아니다.

실망을 포함한 기대를 하면 된다.

기대도 하고 실망도 하고.

단, 과정에 걸맞는 기대로 관리하면 결과는 '만족'으로 다가올 것이 것이다.

28

Wisdom Training

대응 vs 포기

살면서 어려운 난관에 부딪히면 우리는 선택의 기로에 놓인다.

포기할 것인가, 말 것인가.

선택은 항상 후회가 따르기에 포기하면 하는 대로, 대응하면 하는 대로 후회는 덤으로 따라온다.

스톡데일 패러독스.

베트남 전쟁에서 스톡데일 장군으로부터 생겨난 이말은 역경에 처하게 됐을 때 그 현실을 외면하지 않고 정면 대응하면 살아남을 수 있는 반면, 조만간 일이 잘 풀릴 거라고 낙관하면 무너지고 만다는 '희망의 역설'이다.

영화 '명량'에서도 유명한 대사가 나온다.

'살려는 자 죽을 것이고 죽으려는 자 살 것이다.'

이 두 명의 동서양 장군의 말에서 우리는 무엇을 얻을 수 있을까?

선택은 포기와 대응을 모두 포함한, 현실을 냉혹하게 직시하는 것이 우선이다. 살려는 마음을, 무모한 낙관을 포기하면서 현실에 대응하라는 것이다. 얻으려는 마음을 포기하고 잃을 수밖에 없는 현실을 직시하라는 것이다.

다시 말해 대응도 포기도 행동방식의 선택일 뿐, 중요한 것은 선택을 하기 전에 내 안에서 '긍정'만을 계산하지 말라는 것이다. '부정'도 계산에 넣어야 하는데 먼저 '부정'을 계산한 후 '긍정'을 계산해야 한다. 먼저 잃어야 얻게 되고 먼저 주면 받게 되는 것이 삶의 이치이며 원리다.

살려는(얻으려는) 사고부터 먼저 하하면 죽고(잃고) 죽을지도 모른다는(잃는) 사고를 하면 결국 살고(얻고).

일이 잘 풀릴 것이라는 낙관(얻으려는)보다는 지금의 현실은 죽음에 가깝다는 직시(잃으려는)가 먼저인 자는 대부분이 죽어나간 포로수용소에서조차도 살아서(얻음) 돌아올 수 있다는 것이다.

이런 의미에서 포기는 내면으로, 대응은 외부로 동시에 이뤄져야지, 싸울까 포기할까 둘 중 하나의 선택은 의미가 없다.

어쩌면 '낙관적인 대응'이나 '현실기피인 포기'는 결국 현실을 직시

하고 싶지 않은 '회피의 선택'이라는 점에서는 같은 의미다. 그러니 난관에 봉착한 현실을 제대로 직시하고 겪.어.내.는 것이 그 무엇보다 최선의 선택이어야 할 것이다.

> 인간의 일상생활은 하나의 반복이다. 어제나 오늘이나 대개 비슷비슷한 일을 되풀이하면서 살고 있다. 시들한 잡담과 약간의 호기심과 애매한 태도로써 행동하고 거지(擧止)하는 것이다. 여기에는 자기 성찰(自己省察) 같은 것은 거의 없고 다만 주어진 여건 속에 부침(浮沈)하면서 살아가는 범속한 일상인(日商人)이 있을 뿐이다.
> 그러니까 자신의 의지에서가 아니라 타성(惰性)의 흐름에 내맡긴 채 흘러가고 있는 것이다. 모방과 상식과 인습의 테두리 안에서 편리하고 무난하게 처신을 하면 되는 것이다. 그래서 자기가 지닌 생생한 빛깔은 점점 퇴색되게 마련이다......
>
> **_법정(法頂), 無所有 중에서**

29

Wisdom Training

잘못 vs 반성

살면서 꼭 필요한 여러 가지 능력 가운데 '자기반성적 사고'가 있다. 자기자신을 반성하며 들여다보지 못하면 성찰을 할 수 없을 뿐 아니라 윤리적인 사람으로 성장할 수 없다.

자기반성적 사고는 어떻게 기를 수 있는가.

간단하다. 반성을 언제 하는지 알면 된다. 잘못을 저지르면 반성을 하

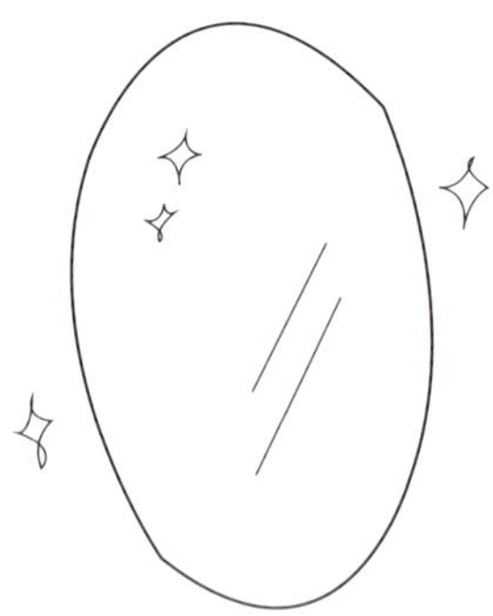

닦을 수록 잘 보이는 거울처럼...

게 되고 잘못을 또 저지르면 또 반성을 하게 된다. 이렇게 반성적 사고를 키우려면 많은 잘못을 저질러야 한다.

살다보면 수만가지의 경우의 수가 있으니 같은 잘못만 저지르지 않으면 된다. 가장 큰 잘못은 '잘못인 줄 알면서 고치지 않는 것'이니, 일단 행하라. 그리고 잘못했을 경우 반성하라. 그리고 또 행하고 또 잘못하고 또 반성하는 것이다. 잘못을 해야 잘못을 하지 않을 수 있다.

자기반성적 사고, 즉, 성찰적인 인성을 갖기 위해 우리는 일단 무엇이든 행해야 하고 그로 인해 벌어진 잘못은 회피하거나 탓하거나 덮지 말고 반성하자. 반성은 곧 성찰의 시작이니.

단, 반성에 앞서 객관적으로 냉정하게 잘못을 들여다 봐야 '잘못'만 반성하고 바로잡을 수 있으며, 감정에 사로잡힌 '자책'으로 몰고가는 오류도 범하지 않는다.

잘못된 생각을 바꾸지 않는 것은 흐르지 않는 물을 담고 있는 것과 같다.

_윌리엄 블레이크

30

Wisdom Training

무음 VS 소음

산속에서 낙엽이 떨어지는 바스락거리는 소리부터 클럽의 엄청난 스피커 소리까지 사람의 귀는 놀라울 정도로 넓은 범위의 소리를 인식할 수 있다.

이 범위는 무려 100억 배에 달한다. 소리의 세기는 데시벨을 기준으로 삼는데, 지하철의 소음이 90데시벨이고 집 안에서 스피커를 통해 듣는 음악소리의 세기는 40데시벨 정도다. 정상적인 대화를 나눌 때 소리의 세기는 60데시벨이고, 소리로 고통을 느끼는 수준은 140데시벨이다. 160데시벨에서는 고막이 손상된다. 클럽의 소리는 120데시벨 정도다. 지하철에서 이어폰을 통해 옆 사람에게 큰소리로 들리는 소리의 세기는 110데시벨정도다.[1)]

그런데 우리의 귀는 이렇게 예민한데도 지구가 자전하면서 내는 어마어마한 소리를 듣지 못한다. 너무 큰 소리는 오히려 듣지 못하는 것이다.

1) 인간이 지구 자전소리를 들을 수 없는 이유, 이기진, 채널예스

우리 사회는 온통 소음으로 뒤덮여 있다 해도 과언이 아니다.

지하철을 타면 너나 할 것 없이 귀에 이어폰을 끼고 뭔가를 듣고 있거나 말하고 있다. 사람들은 잠시도 듣거나 보지 않고는 못베긴다는 듯이 손에 든 스마트폰을 통해 듣고 말하고 보고 있다.

그런데 진정 나에게 울리는 소리는, 내가 꼭 들어야 할 삶의 소리는 듣고 있는가?

들리는 소리에 익숙해진 귀. 들리지 않는 소리, 들어야 하는 소리를 듣는 능력이 퇴화해 버리는 것은 아닐까 걱정이다. 마음의 소리는 들리지 않는다. 무음이기 때문이다. 지구의 자전소리보다 더 커서 듣지 못하는 소리가 있다면 어쩌면 심금을 울리는, 보이지 않는 내면을 두드리는 마음의 소리일 것이다.

컴컴해지는 그 순간은 아무것도 보이지 않지만 이내 어둠을 보는 눈이 생기듯 날 둘러싼 모든 소음이 사라지면 이내 들리지 않던 또는 들을 수 없었던 소리를 들을 수 있을 것이다.

이제는 듣지 못했던, 들으려 하지 않았던, 무음에 귀를 열어야 한다.

내 마음의 소리, 상대의 마음 소리, 내게 다가올 미래의 소리, 시간의 소리, 조용히 흘러가는 구름의 소리, 들렸으나 듣지 못했던 수많은 소리들...

세상의 시끄러운 소음과 내 마음 속의 무음이 함께 들려야 한다. 아니, 함께 들어야 한다. 소음에 익숙한 우리에게 무음의 불편한 들림이 필요한 시기다.

내 마음의 무음을 듣기 시작하면 세상의 시끄러운 소음에서 멀어진다.

세상의 소음에 노출되면 될수록 마음의 무음에서는 멀어진다.

결국, 양면은 공존해야 균형을 이룰 수 있기에 소음이 곧 무음을 동반하고 무음은 곧 소음을 불러온다.

내 마음의 무음과 세상의 소음을 함께 들으며 살아가는 것이 삶의 균형이다.

(중략)

최신 뇌과학의 연구 결과는 휴식과 무위의 가치가 매우 중요하다고 말한다. 자아성찰, 사회성, 창조성 등 인간을 인간답게 만드는 두뇌 활동은 뇌에 아무런 인지 부하를 주지 않을 때, 즉 멍하게 쉴 때 비로소 작동한다는 것이다. 아르키메데스도, 뉴턴도 연구실이 아닌 곳에서 멍하게 지내다가 놀라운 발견을 했다.

구본권 (한겨레, 2014. 8. 25)

31

Wisdom Training

혼란 vs 정리

정리정돈을 잘하려면 어떻게 해야 할까?

어지러져 있는 것이 내내 거슬려야 한다.

정리를 시작하는 시점은 내가 참을 수 없을 정도로 어지러진 때다.

내 정신의 정리정돈은 또 어떨까?

약속도 매번 10분씩 늦고, 해야 할 일도 늘 조금씩 미뤄지는...

마찬가지다.

정신이 어지럽혀지고 더렵혀져서다. 한마디로 정신이 혼란스러워서다. 혼란스러우니 정리가 필요하다. 정신을 못차리니 차려야 하는 것이지 정신을 차리고 산다면 굳이 정신을 가다듬고 정리할 필요가 없다. 정신못차리고 살기 때문에 정신을 가다듬고 정리해야 하는 것이다.

어지럽혀지고 더러워지는 일정 수준에 도달하면 바로 그 시점에서 정리정돈이 시작된다. 어지럽고 더럽고 혼란스러운 일정 수준까지 기다려보자.

그러면 정리가 시작될 것이다.

혼란스러울 때 필요한 것이 정리이니 늘 정리하는 것은 어쩌면 늘 혼란스럽다는 의미이거나 혼란스럽지도 않은데 정리하는 강박증, 결벽증이다.

난 왜 이렇게 늘 혼란스럽지? 짜증낼 필요없다.

정리의 시점을 아는 사람이니 정리하면 된다.

정리가 되어 있다면 다시 혼란스러워질 차례니 혼란과 정리는 그래서 항상 함께 존재할 수밖에 없다.

32
Wisdom Training

독 vs 약

욕을 들었다.

독일까, 약일까?

칭찬을 들었다.

약일까, 독일까?

'욕은 독이고 칭찬은 약이다.'는 보편적 공식이 먼저 떠오르겠지만 욕도 약일 수 있고 칭찬도 독일 수 있다. 그렇다면, 욕과 칭찬은 모두 독이 되고 약이 될 수 있기에 둘 다 필요하다는 것이다.

도로변에서 나는 봄나물에는 중금속, 납, 카드뮴에 오염되었을 확률이 높아 섭취를 하지 않는 것이 좋다고 한다.[1]

약식동원(藥食同源), 즉, 약(藥)과 식(食)은 그 근원이 같기에 식품은 약

1) 2014. 3.18. 스포츠 경향, 봄나물 주의보 발령 '잘못 먹으면 오히려 독?'

일 수 있으나 특히 몸에 좋아 그대로 약이 된다는 봄나물도 자라는 환경에 따라 독이 될 수 있는 것이다.

봄나물은 그 속에 약도, 독도 모두 품고 있다.

결국, 무언가는 약이 될 수도, 독이 될 수도 있는 것이다.

욕, 칭찬. 그 속에는 모두 약과 독이 품어져 있다.

사람 안에 선과 악이 모두 품어져 있음과 같다.

독이라고 치부할 것도 약이라고 보듬을 것도 없다. 지금은 약이지만 앞으로 독이 될 수 있고 과거엔 독이었지만 지금은 약이 되는 것이니 지금 나에게 약이든 독이든 그대로를 인정하고 받아들이면서 차후 그것의 그림자가 다시 나에게 돌아올 것을 알면 지금의 약도 그리 달가울 것 없고 지금의 독도 그리 서러울 것이 없을 것이다.

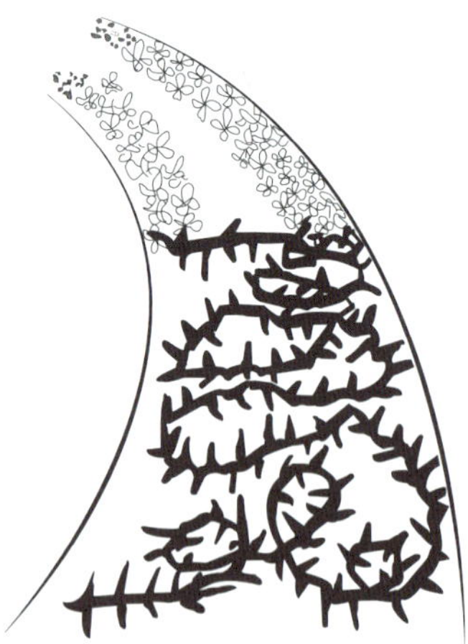

지금 걷는 이 길이
길의 끝이 아닙니다.

결국, 지금의 쓴 고통도 환희와 만날 것이고 지금의 기쁨도 고통과 만날 것이기에 고통에 아파할 것도, 환희에 들뜰 것도 없다는 의미다.

아니, 고통에 아파하면서 고통 끝에 환희와 만날 것을 알고 환희에 기뻐하면서 환희 끝에 고통과 마주할 것을 알면 된다. 고통에 절절히 아파하고 환희에 충분히 기뻐하면 되는 것이다.

그러니 예상치 못한 현실이란 없다. 지금 고통스러우면 나중은 기쁠 것이고 지금 기쁘면 나중은 고통이 오는 것이 삶의 원리이니 부분으로 고통이고 환희일 뿐, 전체로는 고통과 환희가 함께 공존하는 것이다.

이렇게 그저 지금 나에게 닥친 현실을 묵묵히 겪어내면 될 것이다.

늘 걱정하듯 말하죠.
헛된 꿈은 독이라고.
세상은 끝이 정해진 책처럼 이미 돌이킬 수 없는 현실이라고.

그래요, 난 꿈이 있어요,
그 꿈을 믿어요. 나를 지켜봐요.
저 차갑게 서 있는 운명이란 벽 앞에 당당히 마주칠 수 있어요.

언젠가 나 그 벽을 넘고서 저 하늘을 높이 날을 수 있어요.
이 무거운 세상도 나를 묶을 수 없죠,
내 삶의 끝에서 나 웃을 그날을 함께 해요.

거위의 꿈 中에서.(인순이)

33
Wisdom Training

싸움 VS 화해

싸우면 안된다. 싸움은 나쁘다. 싸우면 큰일난다.

그렇다면, '화해'를 어떻게 알 수 있을까?

싸워야 화해를 익힌다.

갈등은 인간관계의 필수다. 갈등을 겪으면서 우리는 협상, 타협, 설득을 알아간다.

싸움과 다툼은 피해야 할 나쁜 것이 아니라 관계에서 꼭 필요한 '이기고 지는', '설득하는', '설득당하고 억울해 하는', '우기는', '고집피우는' 등등을 익혀나가는 과정이다.

그래서 싸움은 부정적인 것이니 '하면 안되는 것'이 아니라 긍정적으로 살아가기 위해 꼭 '필요한 부정적 행위'인 것이다.

우리는 살면서 반드시 싸워야만 하는 것들이 있고 싸울 수 밖에 없는 것들도 있다.

그래서 끊임없이 싸워야 하는 이유가 있는 것이다.

단, 싸움은 자신의 존재를 외부로 확인시키기 위해서가 아닌, 자기 자신의 존재를 내면에서 확인하기 위해 꼭 필요한 삶의 과정이어야 한다.

싸워라.

남과 싸워보고 가족과 싸워보고 가장 어려운 대상인 자기 자신과 싸워라. 그리고 자신과의 싸움에서 이겨라.

남에게 지고 자신에게 이기는 싸움이 진정 싸움을 통해 얻을 수 있는 최상이니 싸움이란, 외부로는 '지고', 내면으로는 '이기는' 것이다. 또한, 싸움과 화해는 '삶'의 과정에서 함께 존재해야 하는 것이다.

34 Wisdom Training

수건 VS 걸레

하루 종일 뒤집어 쓴 먼지를 깨끗이 씻는다.

수건으로 닦는다. 수건은 늘 그렇게 가장 깨끗한 상태에서 사용하지만 수건이 여러 번 사용되는 과정의 종착역은 걸레가 되는 것이다. 하지만 걸레가 된 수건은 가장 더러워진 것을 닦아내며 그 순간을 가장 깨끗한 상태로 만든다.

수건과 걸레는 둘 다 더러운 상태를 깨끗하게 해주는 같은 역할을 지닌다. 수건이나 걸레가 지나간 바로 그 순간은 가장 깨끗한 상태지만 더러워지는 과정의 시작이고 수건이나 걸레가 닿기 직전은 더러운 상태의 끝이 된다.

차이가 있다면 수건은 깨끗해진 부분을 닦는 것이며 걸레는 더러운 부분을 닦는 것이지만 닦은 부분이 다시 더러워진다는 것은 매 한가지다.

결국, '깨끗한 수건, 더러운 걸레'라는 말은 맞지 않다.

어떻게 더러운 걸레가 깨끗하게 할 수 있는가?

깨끗한 수건이 더러워지는 것처럼 깨끗한 걸레가 더러워지는 것이다.

둘 다 깨끗해야 하며 둘 다 더러워질 것이다.

즉, 사용되는 역할이 다를 뿐, 깨끗한 것은 더러워지고 더러워진 것은 다시 깨끗해진다.

35

Wisdom Training

앎 VS 모름

안다는 것은 모른다는 것을 전제로 한다.

모르기 때문에 알려하는 것이며 알기 때문에 모르는 것이 무엇인지도 알게 된다.

결국 알려고 하는 것은 모른다는 것을 인정하는 겸손이지만
모른다는 것은 알려 하지 않는 자만이거나 알고 있다는 착각이다.

모른다는 것을 알면 알게 되기에 내가 무엇을 모르는지 안다면 모든 것을 알게 되겠지만 내가 무엇을 아는지, 무엇을 모르는지 모른다면 아무것도 모르게 된다.

'이제 알았으니 모르는 게 없다.'는 말은 가당치도 않으며, '모르는 채 살 것이다.'란 말 역시 앎이 없어도 상관없다는 회피나 자만이다.

아는 것과 모른다는 것.

앎이 많아질수록 모름도 많아지고 모름이 적다는 것은 앎도 적다는 의미다.

이렇게 앎과 모름은 그 크기가 비례하면서 함께 존재할 수밖에 없는 양가적인 개념이다.

자기가 모르면서 모른다는 사실조차도 모르는 사람, 바보니까 피해라.
자기가 모르면서 모른다는 사실을 아는 사람, 단순하니까 가르쳐 주어라.
알면서 안다는 사실을 모르는 사람, 자고 있으니 깨우라.
알면서 안다는 사실도 아는 사람, 현명한 사람이니 따르라.

_아라비아 속담

Spot light는 안다.
light 밖의 드넓은 무대가 있다는 것을...

36

Wisdom Training

자유 VS 구속

Freedom과 Liberty.

두 단어 모두 '자유'다.

하지만, 엄밀히 따지면 둘은 다른 의미다.

내 맘대로 하는 개인적인 것이 Freedom이라면 사회에서의 합의과정을 거쳐 보장된 것은 Liberty다.

민주주의 사회에서 내 맘대로 한다는 데 무슨 상관이랴.

그렇다. 인간의 자유는 헌법에 보장된 것이므로 상관하면 안된다. 하지만 Liberty의 의미에선 남에게 피해를 주고 범죄행위가 된다면 그것은 Liberty의 범주가 아니다. 자유의 범주가 아니란 것이다.

의무와 책임을 이행한 사람이 누릴 수 있는 자격이 권리다.

내가 지켜야 하고 해야 할 의무와 책임을 이행한 후에 누리는 권리가 자유다. 지키지 않고 하지 않으면서 하고 싶은 대로 하는 것은 그래서 자유가 아니다.

결국, 자유란 구속과 제약이 내포된 것이다.

그래서, 구속없는 자유란 있을 수 없으며 자유와 구속은 대립점에 존재하는 단어지만 떼서는 생각할 수 없는 단어다.

제약, 제한이라는 구속을 '스스로에게 지켜야 하고 해야 할 의무'라는 개념으로 정의할 때

[제약 + 제한 = 구속.
구속 + 자유(Liberty) = 자유(Liberty)
자유(Liberty) + 권리 = 자유(Freedom)]

라는 공식이 성립된다.

'내 생각은 내 자유야, 내 맘대로 하는데 무슨 상관이야.'란 말을 떳떳하게 하려면 나에게 주어진, 지켜야 할, 해야 할, 구속을 먼저 이행해야 하는 것이다.

"Freedom" and "Liberty" Are Not the Same Thing

_Paul V. Hartman

Freedom is the exemption from control by some other person, or from arbitrary restriction of specific defined rights like Worship, or Speech. Liberty is the sum of the rights possessed in common by the people of a community/state/nation as they apply to its government, and/or the expectation that a nation's people have of exemption from control by a foreign power.

Freedoms are things that people EXTRACT from their government;

Liberty is less derivative, more formative; a thing GRANTED by the people to the people in common. The ability to Assemble, for instance, while commonly thought of as a freedom, is really an aspect of liberty.

Freedoms end when they encounter a contrary freedom of another person. You are free to smoke, until you encounter my freedom not to inhale your smoke. Liberty lacks that distinction: my liberty never contradicts or limits yours.

Conservatives traditionally support Liberty, but they may tend to be pliant about certain freedoms, aware as they are to the potentional dissonance.

(Freedom은 타인이나 특정 권력의 통제로부터 해방되는 것을 의미한다.
Liberty는 어떤 사회나 국가의 구성원들이 정부로부터 보장받아 공동으로 소

Liberty를 떠나 Freedom을 택한
이카루스의 최후...

유하고 있는 권리의 총체를 의미한다.

Freedom은 국가나 타인으로부터 얻어내는 것이다.

Leberty는 사회속에서 형성되는 것이며 사회구성원들이 상호 부여하면서 공유하는 것이다.

Freedom은 타인의 Freedom과 충돌시 성립되지 않는다. 만약 개인이 흡연의 Freedom이 있지만 타인이 담배연기를 흡입하지 않을 Freedom이 있다면 개인의 흡연의 Freedom은 성립하지 않는 것이다.)

_http://www.naciente.com/essay36.htm

37 Wisdom Training

일탈 vs 모범

청소년에게 일탈은 '하면 안되는 나쁜 짓'일까?

일탈(逸脫)과 비행(非行)은 엄연히 다르다.

정해진 일상에서 빠져 나오는 것,

즉, 익숙한 노선에서 벗어나는 것이 일탈(逸脫)이라면 비행(非行)은 잘못되고 그릇된 행위다. 그래서 청소년에게 일탈은 '하면 안되는 나쁜 짓'이 아니라 '하면 도움되는 바람직한 짓'일 수도 있는 것이다.

일탈.

고정되고 정형화된 자신의 일상에서 탈출하고 행하는 새로운 짓.

본래의 목적에 부합한다면 일탈은 살아가면서 나를 성장시킬 수 있는 훌륭한 행위가 된다.

결국, 익숙한 자신의 생활에서 새로운 창의를 시도해보는, 자신의 한계를 넘고 자신의 벽을 넘고 자신의 틀을 깨는 새로운 짓이다. 진정한 '일탈'은 어느 가수의 노랫말처럼 지루하고 나른한, 할 일없는 사람들이 훌쩍 여행을 떠나거나 스트립쇼를 하는 것과 같이 일상을 탈피하고 도망

치는 것이 아니다. 아무것도 안하는 백수들이 매일 산으로 들로 돌아다닌다고 해서 그것을 일탈이라고 부르지도 않는다.

일탈을 매일 저지른다면 일탈은 더 이상 일탈이 아니라 그저 평범한 생활이다. 그렇다면 매일 일탈하는 자에게는 '모범적인 성실, 해야 하는 일을 하는 일상'이 곧 일탈이다. 매일 논다면 성실히 일하는 일탈로 삶의 균형을 맞춰야 한다.

매일 일하던 사람은 하루쯤 노는 게 일탈이며, 매일 노는 사람은 일하는 노동이 일탈일 것이다.

매일 돈을 펑펑 쓰는 사람은 돈을 아끼는 것이 일탈이며, 매일 돈도 못 쓰는 사람은 한번쯤 자신을 위해 맘껏 소비하는 것이 일탈일 수 있다.

매일 이리저리 방황하는 사람은 한번쯤 안하던 집중을 하는 것이 일탈이며, 매일 융통성없이 집중하고 몰입하는 사람은 한번쯤 아무것도 안하고 넋을 놓는 것이 일탈일 것이다.

진정한 '일탈'은 일상에 충실하면서 평소 안하던, 새로운, 남들과는 다른, 그동안 숨겨왔던, 내가 간절히 하고 싶었던, 나만의 색을 드러낼 수 있는, 그 무언가를 하는 것이다. 중요한 것은 '일탈'을 누리는 권리는 자신의 역할을 충실히 해왔고, 하고 있는 자여야 한다.

그래서, 일탈은 곧 내 자신의 틀을 깨고 인식의 한계를 넘는 참으로 중요한 행위다.

나의 삶은 정형화된 모범적인 일상과 함께 일탈이 존재할 때 내 인식의 한계를 넘어설 수 있고 그래야 고집이 아집이 되지 않으면서 타인을 이해하고 '더불어'를 실천하며 시류에 맞춰 살아갈 수 있는 것이다.

영어나 불어로 일탈을 'deviance'라고 표현합니다. 이 단어는 '길(via)을 벗어난다(de)'는 의미이기에 사실 그 자체로 '좋다 나쁘다'를 이야기할 수 없습니다. 그럼에도 우리는 일탈하면 가출, 범죄, 불륜과 같은 부정적인 의미를 먼저 떠올리는 경우가 많습니다. 그런데 과연 그럴까요?
인생은 '떠남'과 '머무름'의 양면을 모토로 이루어져 있기에 일탈이란 없어서는 안 되는 삶의 한 축입니다. 즉, 한 사람의 인생이란 반복과 일탈의 혼합에 의해 자신만의 삶의 리듬을 만들어가는 역동적인 과정이라 할 수 있습니다. 일상에서 벗어난 여행처럼 일탈에 의해 만들어지는 리듬이 삶에 생기를 불어넣어주는 것이지요.

길어진 인생을 사는 우리에게는 여행과 같은 일시적인 일탈도 필요하지만 때로는 삶의 궤적을 바꾸는 큰 일탈도 필요합니다. 그런데 어떤 이들은 '일탈 공포증'을 가지고 있어 안전하고 반복적인 일상만을 거듭하며 평생을 살아갑니다. 또 반대로 어떤 이들은 '반복 혐오증'을 가지고 있어 어느 곳에도 뿌리를 내리지 못하고 항상 새로운 것만을 찾으러 다닙니다. 모든 일탈이 창조나 자기화를 의미하는 것은 아니고, 모든 반복이 안정이나 깊이를 의미하는 것이 아니기에 우리는 자신에게 맞는 적절한 반복과 일탈의 균형을 조율해 갈 필요가 있습니다.

_'문요한 에너지 플러스' 771호 中 발췌

38 Wisdom Training

흑 vs 백

흑의 반대는 백인가?

흑은 백과 대립점에 존재하는 고유의 색일 뿐, 반대가 아니다.

'흑'과 '백'은 각자 독립적으로 존재하면서 대립을 이루어야 새로운 차원의 '흑백'이 탄생할 수 있다.

'백'은 여백이며

'흑'은 점과 선이다.

여백 또는 점과 선만으로는 그 어떤 그림도 존재할 수 없다.

여백인 '백'은 '백' 그대로 존재하면서 '흑'의 옅음과 짙음을 담아내고 이렇게 다양한 '흑'과 '백'은 다채로운 '회색'으로 표현될 뿐, '회색'이 아닌, 서로 다른 '흑' 인 것이다.

그래서 '흑'이나 '백' 같은 무채색에는 보색이 존재하지 않는다.

대립색이 존재하지 않는다는 것이다.

변증법에 의해 '정'과 '반'은 서로 반대가 아닌, 대립점에 존재하는 개념, 사상, 이론이다.

다시 말해, '정'의 반대는 '정이 아닌 모든 것'이지, '반'이 아니란 것이다.

새로운 '합'을 도출하기 위해 '정'도 '반'도 반드시 그 자체로서 필요하다. '흑'과 '백' 역시 새로운 차원의 '흑백'을 위해 그 자체로서 존재해야 한다. '흑'과 '백'이 그 자체로 존재하면서 서로의 어우러짐으로 다양한 회색을 탄생시켜 다른 차원의 그림, 즉, 예술이 탄생하는 것이다.

즉, 흑백을 절충해 회색이라고 보통 말들 하지만 흑, 백, 회색 모두 따로 존재하는 것일 뿐, 흑과 백을 섞는다는 것은 엄밀하게 말하면 흑은 흑대로, 백은 백대로 존재할 때만 가능하다.

이쪽점과 저쪽점이 개체적으로 존재해야 하는 것이 '균형'이며 이를 통해 새로운 차원을 도출해 내는 것이 '창의'이고 '대안'이며 '통합', '융합'인 것이다.

흑과 백.

대립점에 꿋꿋하게 서있어야 새로운 창의가 도출되고 통합을 이룰 수 있다. 이것이 균형이다.

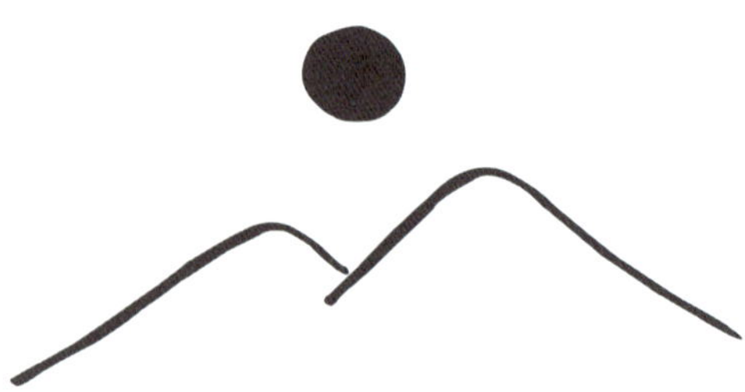

39 Wisdom Training

시작 vs 마무리

사람들은 말한다. 시작이 반이라고.

첫 단추를 잘 끼워야 한다고도 말한다.

실패하더라도 일단 시작하면 안하는 것보단 낫고 한만큼 이득이라고.

경험은 커다란 자산이 될테니 일단 도전하고 시작해 보라고.

하지만 시작만큼 중요한 것이 마무리, 결과다.

과정에서 최선을 다했으면 되었지 결과는 아무래도 상관없다고 하지만 과연 그럴까?

올림픽에서 은메달보다 동메달을 딴 선수가 더 만족도가 높다고 한다. 은메달의 선수는 마지막 경기에서 패했지만 동메달 선수는 마지막 경기에서 이겼기 때문이다.

'피크앤드효과(Peak-end effect)'에서 말하듯 사람들은 전체 중에서 시작보다 절정(Peak)과 마무리(End)를 더 중요하게 인식한다.

결과는 중요하다.

실패는 성공의 어머니라며 실패해도 괜찮다라고 하지만 이는 실패가 냉정하게 평가되고 실패를 통해 재도전에 성공했을 경우에 해당되는 말이지, 실패 후 재도전이 없다면 말은 달라진다.

실패는 성공의 어머니가 아니라 실패는 성공이라는 자식을 생산하지 못한, 그저 실패자체로 끝이다.

그런 의미에서 새로운 시작을 위한 도전도 중요하고 이를 꿋꿋이 버티며 실행해 나가는 과정도 중요하지만 제대로 결과를 얻어내는 마무리 또한 상당히 중요하다.

이 모든 것이 어울려 전체가 되는 것이니 결과야 어떻든 시작이 반이고 결과야 어떻든 한만큼 이득이며 결과야 어떻든 최선을 다하면 된다. 라는 공식은 어쩌면 만족스럽지 못한 결과에 대한 합리적 회피일 수 있다.

시작과 마무리가 제대로 같은 무게로 존재하는 것이 바로 균형이다.

'시작과 마무리'라는 전체 안에서 실패와 실수는 부분이어야 균형인 것이다.

Wisdom Training 40

독창 VS 보편

세상이 원하는 것을 지녀야 경쟁력이다.

자고로 창의를 원하는 시대니 창의성을 갖춰야 경쟁력이 있는 것이다.

창의성, 독창성.

남들과 다르거나 남들보다 먼저 생각하거나, 남들이 당연하다고 여기는 것을 당연하지 않다고 여기는 역발상적인 사고가 바로 창의성이다.

즉, 남들과 다른 나만의 생각, 나만의 관심사를 찾으면 남들과 다르고 남들보다 먼저일 수 있다. 다시 말해, 세상이 원하는 창의성이란 남들과 다른, 나만의 생각을 말하는 것이며 나만의 생각을 알려면 나를 우선 알아야 한다.

그렇다면. 가장 나다운 것이 가장 차별화된 독창적인 것이며 창의일 수 있다.

차별화된 창의성을 세상이 원한다는 것은

'차별화된 나'를 원한다는 것이며, 곧 '차별화된 나'라는 창의는 세상의 보편(普遍)이 된다.

결국, 가장 나다운(독창) 것이 가장 대중(보편)적인 것이 될 수 있는 것이다.

가장 주관적인 것이 객관적으로 보편화될 가능성이 크며
가장 독창적인 것이 보편적으로 평범해질 가능성이 크다.
그러니, 창의를 원하는 세상에선
가장 나다운 것이 바로 경쟁력의 키(key)다.

Wisdom Training 41

평범 vs 비범

세상은 평범을 거부하고 특별해지라 한다.

아니, 우리는 평범함을 무시하고 특출나려 애쓴다.

하지만 평범은 거부할 대상이 아니라 누리고 인정하고 감사해야 할 대상이다.

영국의 극작가 세익스피어가 '비범함을 꿈꾸는 건 지극히 평범한 것'이라 했다. 이는 평범함은 비범이라는 꿈, 즉, 이상을 원한다는 의미로 해석할 수 있다.

또한 피터드러커는 '평범한 자들을 데리고 비범한 일을 해내는 자'야 말로 위대한 리더라고 했는데 평범함 자는 비범해질 수 있고 평범한 사람들이 모여 비범한 일을 해낼 수 있다는 의미다.

그렇다면 비범(非凡)은 뭘까?

보통보다 뛰어난 특출나다는 의미인데 독특하다와는 엄연히 다르다.

가령 물을 사먹지 않던 과거 몇 년 전에 물을 팔아야지라는 생각으로 생수를 판매하기 시작한 사람은 누가 봐도 비범하다. 하지만 생수를 판매한다는 생각과 실행이 불과 몇 년전이 아니라 수십, 수백년 전에 실행했다면 과연 비범했다고 할 수 있을까...아마, 얼토당토 않은 망상이라고 치부되었을 것이다.

그래서, 비범이란 시류에 제대로, 잘 맞아떨어졌을 경우 적절한 표현일 수 있지만 그렇지 못할 경우엔 오히려 독특하기만 할 뿐, 비범하지는 않은 것이다.

또한 비범은 실행이 되는 순간만 비범일 뿐 곧 평범해진다.

생수도 사먹는 것이 평범해졌고 스마트폰도 처음엔 특별하고 비범했지만 이젠 평범하다. pc통신에서 인터넷의 등장은 비범했지만 이제 인터넷은 평범하며 여러 단계에 걸친 거추장스러운 화장품에서 BB크림은 그야말로 비범 그 자체였지만 지금은 누구나 가지고 있는 평범이다.

생수판매, 인터넷, 모바일, 비비크림 등 수많은 비범은 평범해졌다.

평범한 자들이 이룬 비범함은 곧 평범해지고 다시 비범해지고 또 다시 평범해지는 사이클을 가진다.

결국, 평범함이 비범함을 이뤄내는 기본이 되는 것은 당연하며 평범함과 비범함은 시간차가 있을 뿐 같은 현상이다. 평범의 보편성, 객관성, 지속성 가운데 비범의 특별성, 주관성, 일시성이 과정 중에 담겨있을 뿐이다. 부분으로서의 비범함은 전체로서의 평범함을 위한 과정이니 평범함을 거부하면서 비범함을 이루는 것이 아니라 평범함을 유지하면서 비범함을 이뤄내는 것이 진정한 삶의 균형이다.

(전략)

우린 부와 권력, 업적을 강조하는 문화 속에서 살고 있습니다.
죄송한 말이지만, 우리같이 평범한 사람들은 엄청난 명예와 부를 얻거나, 성공의 상징이 되지 못할 것입니다.

평범하다는 것은, 그것보다 훨씬 중요한 것을 의미합니다.
평범한 사람이란, 아이들이 보다 나은 삶을 살길 소망하며 매일 학교에 데려다주는 부모님이며, 당신의 정체성을 깨닫는 것이 학교 뿐 아니라 삶에서 아주 중요한 의미를 갖는다는 것을 일깨워주는 교수님이기도 합니다.

(중략)

평범하다는 것은 당신이 그냥 존중받을 수 있는 것이 아니라, 스스로 존중받기 위해 노력해야 한다는 것을 뜻합니다.
평범하다는 것은 당신의 기회가 그냥 주어지는 것이 아니라, 싸워서 쟁취해야 하는 것임을 의미합니다.

어쩌면, 평범함은 비범함의 새로운 이름일지도 모릅니다.

2009년 Binghamton 대학 졸업연설 中

_백지연의 피플INSIDE에서 발췌

Wisdom Training 2

소유 VS 존재

물질만능주의에서 창의를 요구하는 시대가 되었다.

물질이 아닌, 정신위주의 세상을 의미한다기 보다는 물질만능주의로 균형이 깨진 세상에 물질과 정신이 균형을 이루는 세상으로의 진통을 겪고 있는 것이다.

과거 10년의 변화가 이제는 1년, 아니 수개월이면 이뤄질만큼 광속도로 세상이 변하고 있다.

경영학자이자 미래학자인 톰 피터스(Tom Peters)는 "부의 창출 동력이 만질 수 있는 유형의 것에서 만질 수 없는 무형의 것으로 옮겨가고 있다. 앞으로의 사회에서는 경제적 상상력이 부를 창출할 것이다."라고 했다. 즉, 색다르고 차별화된 사고, 상상력, 창의력 등과 같은 무형의 동력이 세상을 이끄는 경쟁에서의 비교우위가 된다는 의미다.

제조업과 기술이 경영의 핵심역량인 시대에서 이제 기업가들은 그들의 감성과 경험을 소비자에게 어필하고 판매해야 하는 시대가 된 것이다.

다시 말해, 소유의 시대에서 존재(Being)의 시대로 전환되는 것이다.

가령, 소비자들은 물건 하나를 사더라도 과거엔 기술적으로 믿을 수 있는 것을 선택했다면 이제는 기술은 기본이고 자신의 감성까지 건드려주는 것을 원한다.

과거가 물질적인 것, 변화가능해 보이는 기술의 소유로 성장한 시대라면 이제는 소유한 것을 변화하고 그로 인한 또 새로운 변화를 주도하는, 생명력있는 존재(Being)의 시대인 것이다.

내면으로는, 보이지 않지만 끊임없이 느껴지는 생명력있는 존재가치를, 외적으로는, 생명력으로 탄생한 소유한 것들에 대한 발전과 변화가 동시에 공존해야 한다.

외부에서 주어진 환경이라는 무대, 내적으로 충만한 자신의 배역을 인지하면서 인생이라는 연극에서의 연기를 해나가야 한다.

내가 존재(Being)하고 있음을 내면으로 느끼며 내가 소유하고 있는 외적인 것들에서 끊임없이 새로움을 추구해 혁신을 이뤄나가야 한다.

내면의 존재가치가 가득한 사람은 자신을 믿기에 실패는 결과가 아닌, 과정일 수 있다. 실패가 많고 도전이 많다는 것은 끊임없이 새로운 것들이 창출되는, 성공도 그만큼 많아진다는 의미다.

결국, 내적으로 살아있음에 대한 존재가치를 채우면서 외적으로 끊임없이 새로움을 소유해야 한다. 소유냐 존재냐는 둘 가운데 하나를 취하는 것이 아닌, 내부에선 존재를, 외부에선 소유를 함께 성장시켜 나가는 것이어야 한다.

이것이 삶의 균형이다.

개는 사람처럼 〈무대 뒤〉로 숨어버리는 수단을 쓰지 않는다. 개는 언제나 무대의 전면에 나서며, 배경과 배역, 대사를 일러주는 이의 위치 따위는 상관하지 않는다. 사람들은(모두가 그런 것은 아니다. 자신을 믿지 못하는 이들만이다) 어느 날 갑자기 자신들이 단역에 불과하다고 여기게 되고 자신들이 출연하는 연극의 주인공을 찾게 된다.

그들은 다른 역할들도 많은데 하필이면 이런 역할을 맡게 되었을까 경악스러워하며 역할을 바꾸고 싶어 한다. 하지만 그들에게 주어진 배역은 숙명적인 것이므로 역할 변경은 결코 이루어질 수 없다. 이에 반해 개들은 문제를 제기하지 않고 당당하게 행동하며 떳떳이 앞을 바라본다.

_장 그르니에 '어느 개의 죽음' 가운데.

43 Wisdom Training

생각 vs 의식

삶의 방식을 전환하라, 바꿔라, 라는 말이 최근 들어 부쩍 많아졌다.

삶의 방식이란 무엇인지, 또 삶의 방식을 어떻게 전환해 바꾸는 것일까?

사람의 삶을 끌고 가는 주체인 사람은 '생각하고 행동하고'를 반복한다. 나의 생각과 나의 행동이 반복적으로 일어나면서 삶이 채워지는 것이다.

즉, 삶의 방식이란 사고방식과 행동방식이며 삶의 방식을 바꾸기 위해선 나의 사고하는 방식과 행동하는 방식을 순차적이면서 동시에 바꾸면 된다.

사고방식이란 뭘까? '사고(Thinking)'하는 방식, 즉, '생각'하는 방식이다.

그렇다면 '생각'이란 뭘까?

우리는 종종 이렇게 말한다. '생각났다.', '생각이 떠올랐다.', '불현듯, 느닷없이, 갑자기 생각났다.', '생각이 꼬리에 꼬리를 문다.', '생각을 종잡을 수가 없다.', '뜻밖의 생각이다.' 등등. 가만히 들여다보니 생각은 모두 나의 통제 밖에서 뜻.밖.에, 예상치 않게 일어난다.

생각은 내가 주체가 되어 내가 하는 것이 아니라 그저 나에게 떠오르는 것이다. 그래서 내가 주체가 아니란 얘기다.

내가 통제할 수 없기에 '생각대로 안된다.', '예상 밖의 생각'으로 결론이 나는 경우가 잦다.

즉, 생각, 사고(Thinking)는 주체가 없고 내가 살아온 삶 속의 경험경로에 켜켜히 쌓여있던 것들이 불현듯 나의 의식 속으로 나타나는 것이다.

그렇다면 생각은 주로 과거, 현재, 미래 가운데 어디를 중심에 두고 떠오르는 걸가?

아이가 아프다면 '예전에 누가 비슷한 증상을 보였을 때' 잘못된 경우를 떠올리거나 의사의 부정적 이야기가 현실이 되지 않을까 불안해 한다. 다시 말해 생각은 내가 알고 있는 경험의 경로 가운데 부정적인 경험이나 앞으로 이렇게 될 것 같다는 미래의 불안에서 시작된다. 결국, 생각은 부정적인 속성을 가지고 있다고 할 수 있다. 어쩌면 생각은 과거 부정적 경험을 총집합시키고 미래에 일어날 불안예측요인을 모두 감안한 나머지, 그것을 피할 수 있는 틈새를 찾아내는 활동일지 모른다. 하지만 경험에 없던 것은 생각의 경로 속에 없기에 결국 잠재되어 있던 경험 속에서 생각의 결정을 내리게 된다. 부정적인 결론을 내려버린단 말이다.

'생각대로 안되네', '내 생각은 틀려먹었어.'라는 결과가 잦은 건 어쩌면 당연하다.

아무리 생각해도 끝이 없고 아무리 생각해도 결론이 없는 것은 결국 대부분 부정적인 면만 떠올리기에 그 외 것은 달갑지 않은 것이다.

우리는 여기서 생각하는 힘, 사고력(思考力)은 생각차원에서는 노력하고 오래 하고 깊이 한다고 해서 길러지는 것이 아니라는 결론을 얻을 수 있다.

반면, '의식(Consciousness)'은 뭘까?

의식은 나의 정신, 신체, 마음을 통제하고 조절할 수 있는 총체적 개념으로서 Spirit이 아닌 Consciousness로 정의하도록 하자.

의식은 생각과는 달리 '떠오르는' 것이 아니라 '하는' 것이다. 의식을 높여라, 의식하고 살자라는 말에서 알 수 있듯이 의식은 '내가' 주체이며 '나'중에서도 나의 '정신'이 주체가 된다.

우리가 자주 쓰는 표현에 의식에 대한 주체가 담겨 있다.

'넋놓고 있네', '정신차려라', '정신을 어디다 쏟느냐.'

이들 말만으로도 '내가 정신차린다.'는 정신의 주체는 '나'이며 의식의 주체는 '나의 정신'인 것이다.

여기서 우리는 의식이 생각보다 더 포괄적인 개념임을 알 수 있다.

'그런 정신 상태로 뭔 생각한단 말인가', '정신없는 녀석, 그러니 생각이 그 모양이지'라는 말 속에는 정신을 차리면 생각을 제대로 할 수 있음이 포함되어 있다.

결국, '의식'을 통제하고 지배할 수 있는 것은 나의 정신이며 나의 정신력이 의식적으로 생각을 하게 하고 멈추게 하는 것이다.

'아참! 내가 이럴 때가 아니지.' 라며 고개를 절로 흔들어댈 때가 있다. 이는 의식적으로 생각을 멈출 때 본능적으로 나타나는 표현이다.

다시 말해, 의식이 생각을 조절할 수 있다는 것은 의식을 조절하는 내가 의식을 통해 생각도 조절가능하다는 논리가 성립한다.

정리하면, 생각을 깊게 하고 생각을 오래하고 생각을 넓게 하는 것이 아니라 의식을 깊고 넓게 확장해 생각을 짧고 명확하고 집중적으로 하는 것이며 바로 이것이 사고력(思考力)이다.

사고력(思考力)을 키울 수 있는 것은 결국, 의식 확장을 통해 가능한 것이다.

이제 삶의 방식을 바꿔라. 라는 말은 사고하는 방식, 즉, 의식의 확장을 통해 어떻게 바꿔야 하는지 알 수 있고 이러한 인지를 통해 행동이 바뀐다면 삶의 방식이 바뀌는 것임을 우리는 알 수 있다.

의식과 생각.

이는 그래서 항상 동시에 존재해야 하는 것이지 둘 중 하나라도 결여된다면 '생각없는 의식'은 존재자체가 무의미하며 '의식없는 생각'은 말 그대로 개념없는 허튼, 종잡을 수 없는 생각에 그치게 된다.

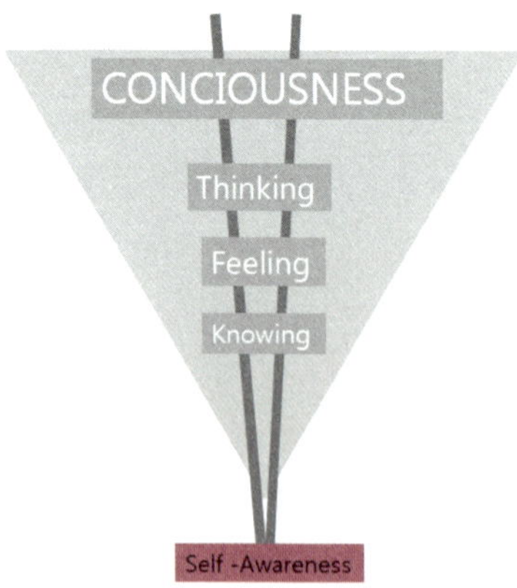

Consciousness & Thinking

44 Wisdom Training

재미 VS 무료(無聊)

정말 재미있는 순간이 언제일까?

심심함이 극치에 다다랐을 때다.

이 때는 뭘 해도 재밌다.

외로움에 지칠 땐 지나가는 사람의 향기만으로도 감사하듯 심심함에 몸부림칠 때는 책 한권, 돌맹이 하나도 그저 신나는 장난감일 수 있다.

결국, 무료함이 재미를 알게 한다.

또한 재미가 극에 달하면 그 다음 순간은 뭘 해도 신나지 않고 무료할 수 있다.

즉, 무료함은 재미를 위한 과정이고 재미도 무료해지는 과정이니 무료함도 재미도 그저 삶의 과정인 것이다. 무료해도 곧 재미가 오고 재밌어도 곧 무료해지니 재미를 쫓거나 무료함을 없애는 노력보다 그 자체를 수용하면 곧 원하는 상태가 되는 것이다.

중요한 것은. 무료함을 떨쳐버리려는 것도, 재미를 좇는 것도 아닌, 그저 담담히 나의 방향대로 내 하던 대로 해나가는 것이다.

45

Wisdom Training

규칙 VS 혼란

발명가 찰스 케더링(Charles Catering)은 '모든 인간이 발전하려면 그것이 어떤 형식이든 규칙에서 벗어나야 한다. 그렇지 않으면 우리는 새로운 어떤 것도 가질 수 없다.' 라고 했다.

형식과 규칙은 공동체를 위해 꼭 필요한 것이지만 이를 깨는 일탈을 통해 새로운 규칙과 형식으로 발전하지 않으면 우리의 삶은 정체될 수밖에 없다는 의미다.

시류를 읽고 시류에 맞는 새로움이 보태질 때 사회는 발전하고 개인은 성장하며 진화한다.

진정 더불어 사는 사회질서를 위해 규칙도 혼란도 그래서 필요한 것이다. 규칙은 사전적 의미로 '여럿이 함께 지키기로 한 법칙'이다.

더불어 살기 위해서 규칙은 준수되어야 하지만 더불어 사는 진정한 시너지를 위해서는 규칙도 진보, 발전을 위해 변화해야 한다.

규칙이 주어졌을 때 사람들은 규칙을 발전시키기 위해 현재의 규칙을 깨기 시작하고, 규칙이 깨지면서 혼란상태가 오며 혼란상태에서 다시 새로운 규칙이 만들어지니 '혼란'은 곧 발전된 규칙으로 가기 위한 전이이므로 '혼란'을 제대로 겪어내야 과거보다 더 적절한 규칙을 만들어낼 수 있는 것이다.

혼란을 겪지 않고 규칙은 진화할 수 없고 규칙의 진화가 필요없다면 혼란을 겪을 이유도 없을 것이다.

또한 규칙이 없을 때 혼란이 오는 것은 당연하다.

사람들은 혼란을 방치하지 않는다.

'규범, 규율, 규칙'의 역사를 거슬러 올라가보면 구석기, 신석기시대에 마음대로 이리저리 다니며 살다가 청동기시대가 오면서 밭을 경작하기 시작했다. 이 때 처음으로 권력과 규칙이란 것이 생겨났다는 것을 알 수 있다.

사람들은 혼란하면 정리하고자 하고 정리한 결과로 서로 간에 강압적인 권력을 부가한 제약을 만들게 된다. 바로 이것이 규칙이다. 결국, 규칙이 없을 때 당연한 혼란이 야기되고 그 혼란의 결과로 규칙이 만들어지니 규칙과 혼란은 연속선상에 있게 된다.

'규칙이 있으면 혼란스럽지 않다거나 규칙이 없으면 혼란하다.'라는 이분법적인 명제는 부분으로는 당연하고 지당하지만 전체로는 타당하지 않다.

전체로 보면 혼란과 규칙.

이 둘은 순차적으로 우리 사회의 질서를 이끄는 효율적인 과정이므로 혼란도 규칙도 상호 연속적 관계에서 지속적으로 제 기능을 발휘할 수 있어야 할 것이다.

우리 주변의 뭔가에 미친 사람들
사회 부적응자, 반항아, 말썽꾼
둥근 돌 사이의 모난 돌과 생각이 다른 이들

그들은 규칙을 따르지 않으며 현재의 안락함에 만족하지 않지요.

우리는 그들의 말을 옮기고 반대하고 찬양하거나 비방할 수 있지만 무시할 수는 없어요.
바로 이들이 변화를 주도하고 인류를 발전시키니까요.

누군가 이들이 미쳤다고 말할 때 우리는 천재를 봅니다.
세상을 바꿀 수 있다고 생각하는 미친 녀석들이 정말 세상을 바꾸니까요.

_영화 〈잡스〉 중

Wisdom Training 6

여유 vs 치열

휴식을 모르는 사람은 브레이크 없는 자동차와 같다. 성공의 앞에는 항상 쉼표가 있다.'는 CF 카피처럼 사람이 성공하기 위해서는 휴식이 무엇보다 중요하다.

어쩌면 누구나 아는 상식일 수 있다.

여유있게 생각하고 여유있게 일하고 여유있게 자신을 돌아보는 것의 중요함 쯤은...

그런데 어쩌면 지나친 여유에 빠져있다는 생각은 안해 봤는가.

정글에서 살아남는 TV 프로그램이 인기 있는 이유는 고상하고 여유로울 줄 알았던 연예인들이 막상 배를 곯고 잠을 못자는 생존의 문제로 고통스러워 하면서 사람의 기본적인 생존욕구를 리얼하게 보여주기 때문일 것이다.

연예인들은 그 곳에서 종종 눈물을 흘린다.

이 정도면 괜찮지...라며 스스로 자위하고 살던 자신이었는데 정글에

와보니 먹을 것, 입을 것, 잠잘 것조차 스스로 해결할 줄 아는 게 하나도 없기 때문이라는 것이다.

그렇다.

어쩌면 우리는 너무나 여유로운 물질적 풍요로 인해 생존본능에 둔감해진 것은 아닐까?

생존은 치열하고 존재는 여유롭게 가져야 하는 것인데 오히려 생존에서는 만만한 여유를 부리고 내 존재를 드러내는 데는 치열해지고 있다.

존재는 내면에서 쌓아가고 생존은 외부에서 치열하게 살아남아야 하는 것인데 말이다.

마음은 여유없이 불안하고 조급한데 몸이 여행을 하고 좋은 음악을 들으며 힐링을 한다고 여유가 생기는 것이 아니다. 즉, 마음이 치열하고 몸이 여유가 있다고 진정한 여유를 갖는 것은 아니란 말이다.

성공을 위해 치열하게 싸우며 성공 전 쉼표를 찍는 여유는 진정한 의미의 여유가 아닐 수 있다.

치열한 사냥을 하는 독수리의 여우있는 날개짓처럼...

자신의 존재를 의식하는 마음에선 여유를, 자신의 생존을 위한 삶의 현장에선 치열을 항상 동시에 지니고 살아가야 한다.

삶은 치열한 것이며 존재감은 내 안에서 항상 여유롭게 인정되어야 한다.

> 인간의 모든 불행은 단 한 가지, 고요한 방에 들어앉아 휴식할 줄 모르는 데서 비롯된다.
>
> _블레즈 파스칼

47

Wisdom Training

바쁨 vs 한가함

바쁜 자가 게으른 것이다.

바쁘다는 것은 자기관리가 되지 않음을 의미한다.

자기관리가 되지 않는다는 것은 자신의 능력, 자신의 한계, 자신이 진정 원하는 것을 위한 시간분배, 자신의 역할 등 자기존재를 위한 시간과 자신의 생존을 위한 시간이 불균형을 이룬다는 말이다.

결국, 바쁜 자는 자기 자신에게 시간을 내어 자기쇄신을 하지 않기 때문에 진정 게으른 자이다. 스티븐 코비의 말처럼 '운전하느라 바빠 주유소에 들를 시간이 없는' 것은 아닐까?

자기쇄신이 지속적으로 주어진다면 같은 양의 일이라도 더 효율적으로 해낼 수 있으며 자신의 생존을 위한 일과 자신의 존재감을 쌓기 위한 마음의 수양을 제대로 균형있게 관리할 수 있을 것이다.

반면 한가한 사람도 마찬가지다.

생존은 치열하고 바쁜 것이며 마음은 하염없이 고요하고 여유로워야 하는 것임에도 오히려 마음은 조급하고 불안한데 생존에 있어서는 한가하기 때문이다.

한가하다는 것은 생존에 문제가 없고 내적(마음)으로 진정 평온할 때 얻는 보상인 것이어야지 그렇지 않은데도 한가하다면 게으른 것과 다르지 않을 것이다.

바쁘다 바빠... 노래를 부르는 자는 진정 자기 자신에게 게으른 자다.

그래서 천성이 게으른 자는 조금만 일이 주어져도 바쁘다.

부지런하면 바쁘지 않다.

부지런하기 때문에 바쁠 틈이 없다.

부지런하다는 것은 바쁠 땐 바쁘고 쉴 땐 쉬고를 제대로 잘 관리하는 자를 말하는 것이지 바쁜 사람을 부지런하다고 하지 않는다.

마찬가지로 한가한 자를 모두 여유있다고 하지 않는다.

여유있는 자는 바쁨에 동반한 참쉼의 의미를 제대로 누리는 자를 말하는 것이고 한가(閑暇)하다는 것은 할 일이 없이 노니는 것을 말하는 것이니 게으른 자와 다를 바 없다.

오히려 잘 쉬는 자, 제대로 노는 자가 부지런하기에 여유롭다.

잘 쉬지도 못하고 늘 바쁘다 바빠라며 전화 한통 걸 시간 없는 사람이 게을러 한가한 자이다.

생존은 제대로 바쁘고 부지런하게, 자기쇄신인 마음의 존재가치는 제대로 한가하고 여유롭게 고요하게 지켜나가는 것이 나의 몸과 마음을 조화로이 사용하는 자기관리이며 이를 통해 자신과 관계된 이해관계자들, 그리고 삶의 환경을 관리해 나가는 것이다.

이것이 균형이다.

Wisdom Training 8

거절 vs 수용

남의 부탁을 거절하지 못하는 사람이 있다.

거절하지 못한다 = 수용한다.

타인의 부탁을 수용하고 그것들에 얽매이느라 정작 자신과의 약속은 어기게 된다.

그것을 '도움, 희생, 배려'라는 근사한 말로 포장하더라도 아무튼 자신에게는 매 순간 '무책임'을 선택하는 자다.

다시 말하면 타인은 수용하면서 자신은 거절하는, 그래서 오히려 외부로는 수용을 선택하지만 내면으로는 거절을 선택할 수 밖에 없는 사람.

'--할 수 밖에 없었다.'라는 근사한 자기합리화의 방법으로 안전하게 자신 속으로 회피하는 선택을 한 것이다.

벌어지는 모든 상황은 자신의 선택이다.

'선택하지 않을 권리'가 있었음에도 불구하고 '--할 수밖에 없는' 선택을 한 것이다.

'할 수밖에 없었지만 안할 수 있는 선택'도 있다.

'할 수밖에 없지만 안할 수 있는 선택'을 하면 혹시 상대에게 '배려심이 없는, 착하지 못한' 사람으로 비춰질까가 두려워, 혹은 평탄하게 흘러가던 관계에 금이 갈까 두려워 오히려 가장 익숙하고 편한 방법으로 '할 수밖에 없는(부탁을 들어주는)' 선택을 한 것이다. 겉으로는 부탁을 들어주느라 힘이 들지 몰라도 내면으로는 '나는 이렇게 나를 거절하고 상대의 부탁을 들어주는 착한 사람'이라는 스스로의 만족이 상대에게 내 존재감을 더 확인케 할 뿐만 아니라 내가 익숙한, 더 편한 방법을 고수하는 이기적인 선택을 한 사람이다.

반대로 감히 부탁할 수도 없을 정도로 자신만의 기준으로 사는 이도 있다.

'선택할 권리'가 있는데도 늘 '선택하지 않는 권리'만 선택하는 자.

'--할 수 밖에 없는' 선택도 있는데 늘 선택하지 않는 자.

이도 역시 자신은 늘 수용하지만 외부는 늘 거절하는, 자신이 부탁을 들어줬다가 괜한 관계에 얽힐 것이 불편해 오히려 가장 익숙하고 편한 방법으로 상대를 거절하는 것을 택하는 것이다.

그런 의미에서 거절과 수용은 양면의 얼굴이다.

나의 내면으로도 늘 수용하거나 늘 거절하는 것이 아니라 거절과 수용이 기준에 따라 선택되어져야 하고 나의 외부로도 늘 거절하거나 수용하는 것이 아니라 거절과 수용이 함께 선택에 놓여져야 한다.

외부로 수용을 선택하면 내면의 거절이, 외부로 거절을 선택하면 내면으로는 수용이 선택되는 양면의 그림자임을 안다면 이제 거절과 수용은 곧 나를 수용하고 타인을 거절할 것인지 타인을 수용하고 나를 거절할 것인지에 대한 선택이란 것을 알게 된다.

늘 타인의 부탁을 거절하지 못하고 말 그대로 '너무 착하고 희생적이고 배려심이 넓은' 사람은 '수용'이 많아 너그럽고 포용력 있는 자로 타인에게 인식될지는 모르지만 자기 자신은 철저하게 거절하고 있는, 자신을 사랑하지 못하는 자일 수 있다.

나아가 자신을 사랑하지 못하니, 진정으로 상대를 사랑하지도 못하는, 희생과 배려라는 포장지에 쌓여는 있지만 내면의 진정한 사랑은 없는 자일 수 있다.

외부로는 거절과 수용이 '역할수행'이라는 기준에 맞춰 이성적으로 이뤄져야 하고 내면으로는 자신에 대한 존중이 수용되면서 외부의 역할에 따라 자신을 수용하기도 거절하기도 해야 하는 것이다.

거절과 수용은 양면의 얼굴

외부로도 수용과 거절이, 내면으로도 수용과 거절이 함께 존재할 때 자신과 자신을 둘러싼 외부환경 모두를 자신이 주체가 되어 수용, 나아가 '포용'할 수 있는 큰 사람으로 거듭날 수 있을 것이다.

Wisdom Training 9

과잉 vs 결핍

과유불급(過猶不及), 과한 것이 모자란 것만 못하다.는 의미다.

욕심부리지 말라.

욕심없이 살아라.

욕심이 화를 부른다.

과한 '욕(慾)'을 경계하는 말들이다.

흔히 우리는 '욕심(慾心)'을 부정적 정서로 표현하는 경향이 많다.

하지만 인간의 삶에서 '욕심'이 없으면 과연 지금 자신의 삶을 유지하고 있을까?

먹고 싶고 하고 싶고 되고 싶고 주고 싶고 갖고 싶고 이기고 싶은, 한마디로, 잘 살고 싶은...

이 모든 것이 욕심(慾心)이다, 탐내는 마음(慾心)인 것이다.

이런 의미로 볼 때 '욕심'은 '내 삶을 잘 살아내기 위한' 꼭 필요한 정서일 수 있다. 좀 더 분명한 단어로 말하자면 '욕구(欲求)'라고 부른다.

'배고픔의 욕구를 채워라.'라고 하지, '배고픔의 욕심을 채워라.'라고 하지 않는다.

'욕구(欲求)'는 '본능적인 삶에 필요한 채움'인 것이다.

반면 내가, 더 갖고자, 더 먹고자, 더 되고자, 더더더 하고자 하는 것을 우리는 '욕망(慾望)'이라 한다. 명예, 돈, 지위, 기타 가진 것보다 더 갖고자 하는 욕망을 말하는 것이다.

이는 살아가기 위해 꼭 필요한 '욕구(欲求)'를 넘어선 앞으로 더 잘 살기 위해 갖고자 하는 '바람(望)'이다.

'욕구(欲求)'가 과거와 현재의 결핍을 채우는 것이라면 '욕망(慾望)'은 이미 채운 것보다 미래에 더 채우고 싶은 과잉인 것이다.

욕구와 욕망, 즉, 결핍과 과잉은 나의 삶의 평균을 유지해 주면서 나를 과거로부터 미래로의 성장을 도모해 주는 함께 존재해야 하는 것임이 분명한데 문제는 욕망이 지나쳐 탐욕이 될 때를 분간하지 못하는데서 발생한다.

'욕망'과 '탐욕(貪慾, 지나치게 탐하는 욕구)'은 '내'가 기준이 아니라 '남'이 기준일 때 발생한다. 내가 어제의 나보다 잘나고 싶으면 '욕망'이지만 내가 남보다 더 잘나고 싶으면 욕망과 탐욕의 기로에 선 자신과 직면해야 한다.

내가 내 삶의 가치를 이루기 위해 마음과 육체를 고루 성장하고자 한다면 욕망이지만 내 삶의 가치를 위한 내 마음과 육체의 균형이 타인에 의해 형성된 '누구누구보다 더', 즉, '비교'에 의해 갖고자 한다면 자신은 욕망과 탐욕의 기로에 서 있는 것이다.

진정 '욕심내는 삶'이란, 살기 위해 필요한 욕구(欲求)를 채우고 나의 내면의 성장에 대한 욕망(慾望)을 채워나가는 과정인 것이지 보아야 할 것, 가져야 할 것, 먹어야 할 것, 이겨야 할 것, 되어야 할 것들이 채워졌음에도 보여지고 싶은 것, 가지고 싶은 것, 먹고 싶은 것, 이기고 싶은 것, 되고 싶은 것들에 대한 '욕망(慾望)'이 계속 솟구친다면 이는 '탐욕(貪慾)'일 수 있으니 이러한 과잉에 대한 대가로 원하지 않는 결핍이 주어질 것이다.

가령, 배부르게 먹었음에도 더 먹고자 한다면 배탈이 날 것이며 쓸만큼 벌었음에도 더 벌고자 한다면 버는 만큼 소중한 시간들은 줄여야 할 것이며 사회생활에 지장이 없을만한 외모인데도 더 예뻐지고자 한다면 자연스러움은 잃어야 한다. 죽도록 공부만 하는 사람은 당연히 운동이 부족할 것이고 평범한 행복이 주어졌음에도 더 행복하고자 한다면 오히려 지금의 평범한 행복을 불행으로 여기게 되는 것이다.

삶은 기본적인 '욕(慾)'을 채우고 넘치는 '욕(慾)'을 비우는 것이다.

결국, 과잉도, 결핍도 동시에 또는 순차적인 삶의 과정이다. 이런 의미로 볼 때 '과유불급(過猶不及)', 즉, '과한 것은 모자란 것보다 못하다'는, 상황에 따라 그럴 수도 있지만 아닐 수도 있다.

'욕구(欲求)'의 모자람은 채워야 하며 '욕망(慾望)'의 과함은 경계해야 하는 것이기에 부려야 할 '욕(慾)'은 부리고 부리지 말아야 할 '욕(慾)'은 없애면서 모라잠(결핍)도 과함(과잉)도 모두 안고 조절하며 사는 것이 바로 삶의 균형일 것이다.

가득 채우면 흘러 넘친다

아귀까지 가득 채우면 흘러 넘친다.
그러므로 가득 채우는 것보다 적당한 때에 멈추는 것이 낫다.

날을 예리하게 세우면 날카로움이 오래 가지 못한다.

재물이 많으면 지키기가 어렵고
돈 많고 지위가 높다고 교만하면 비난받을 일이 생긴다.

일을 이룬 다음에는 뒤로 물러서라.
그것이 사람이 따라야 할 하늘의 길이다.

_노자 도덕경(9장)

글 나가며

지금까지 우리는 이분법으로 양분된 대립점의 단어쌍들을 통해 하나만 사고했던 패턴에서 양쪽 모두 사고하는 패턴을 트레이닝했다. 이를 통해 그림자로 배제되어 있던 보이지 않고, 보지 않았던 내 사고의 이면을 들여다 봤다.

이러한 트레이닝을 통해 사고가 확장되고 또한 전체적인(Wholistic) 시각으로 확장(Paradigm Shifting)되었길 바란다. 물론 배제된 그림자를 인식해 보이지 않는 현상을 유추하고 예측하는 통찰력은 쉽게 가질 수는 없을 것이다. 하지만 쉽게 가질 수 없을 뿐이지 갖지 못하는 것은 아니다.

다소 자기파괴가 요구되고 아주 많이 혼란스럽고 지금까지 가져왔던 지식과 경험의 범위에 따라 확신이 무너지는 경험을 하게 되겠지만 이러한 부정이 곧 콘크리트처럼 굳어진 나의 인식의 관계를 깨는 과정이기에 겪을만한 충분한 가치가 있다.

제레미리프킨은 그의 저서 '한계비용제로사회'에서 현재 우리는 경제

패러다임이 전면적으로 바뀌는 변혁의 초기 단계에 있다고 언급했다. 자본주의가 완전히 사라지지는 않겠지만 제로에 가까운 한계비용은 재화와 서비스를 거의 무료로 나누는 경제의 시대로 인도할 것이며 자본주의는 그 속성이 가지는 모순으로 인해 세계무대의 가장자리로 불가피하게 물러날 수밖에 없을 것이며 강력한 신기술플랫폼은 IOT를 형성해 3차 산업혁명을 일으키고 있고 결과적으로 기업의 이윤은 고갈되기 시작했으며 재산권은 약화되어 가고 희소성에 기초한 경제는 서서히 풍요의 경제에 자리를 내주고 있다고도 말했다. 현재 IOT는 우리 생활 전반, 즉, 산업 및 상업 영역 대부분에 걸쳐 도입되고 있다. 제조업의 하락은 물론이며 전기, 스마트 도시, 차량, 가로등, 산림, 토양, 야생동물, 환경변화, 행동변화, 수도, 식량, 인체, 보안시스템 등 건조 환경(Built environment)과 자연환경을 하나의 화합적 운용 네트워크에 위치시키면서 모든 사람과 모든 사물이 의사소통하게 만든다. 지금 우리가 발을 내딛고 있는 (비록 느끼지 못하는 이들이 많을지 모르지만) 새로운 시대로의 걸음에는 우리 모두가 지구 생물권의 신경계에서 각각 하나의 노드가 될 것이며 IOT는 인간이 지구에서 살아가는 방식의 전면적 변혁을 예고하는 것이라고 제레미리프킨은 강조했다.

IOT로 인한 새로운 시대는 피할 수 없이 빠른 속도로 우리에게 다가오고 있고 당연한 이치에 따라 이로 인한 풍요의 역설은 더욱 더 심해질 것이 분명하다.

무엇이 잘 사는 삶(Well-being)인가?
어떤 삶이 가치 있는 삶인가?

무엇이 단기적 즐거움을 뛰어넘는 지속적 행복인가?

봉건사회부터 자본주의, 지금 우리가 당면하고 있고 앞으로 살아가게 될 협력적 공유사회(Collaborative commons)도 모두 인간이 가장 편리하고 유리하며 자신들의 지속적인 행복을 위해 발전시켜온 제도다. 인간의 삶을 위한 성장이라는 관점에서 이러한 시대적 체계의 변화를 바라볼 때 여기서 한 가지 명심해야 할 것이 있다.

물질적 풍요와 함께 증가하는 것이 바로 고민이나 불행을 나타내는 지표(Steve R. Baumgardner외)라는 사실이다.

기계의 성장, 편리함의 극대화는 말 그대로 상상을 초월하는 속도로 성장할 것이며 이와 함께 인간은 '인간으로서의 가치'를 찾는 것에 집중해야 할 것이란 의미다.

또한 마이클포터박사는 HBR(Harvard Business Riview, 2014, 11)를 통해 IOT로 인한 시대의 변화에 지속적인 경쟁우위를 갖기 위한 기업과 조직, 개인의 전략은 디자인, 판매 후 서비스, 마케팅, 인적자원(HR), 그리고 안전성이라 언급하면서 이러한 5가지 가운데 특히, 인적자원은 새로운 기술을 비롯한 주요한 창조적인 분야에서 인력에 대한 긴급수혈을 요구한다고 했다.

즉, 창의적인 인간이 IOT시대의 경쟁자원이라는 말이다.

새로운 기술 집단(전통적으로 기계 엔지니어와 직원 엔지니어링 부서, 소프트웨어 개발, 시스템 엔지니어링, 제품 구름, 빅 데이터 분석 및 기타 분야에서 재능 등)을 비롯한 어떤 기술이 필요한지를 창의적으로 발상해내는 인재의 요구는 '일자리는 구하는 시대가 아닌, 창조하는 시대'가 도래했음을 이미 예고했다. 새로운 시대, 새로운 일자리, 새로운 직업군, 새로운 기술.

새로운, 새로운...의 의미는 시대의 변화가 주는 편리함과 기계우위에 맞서는 인간성의 회복, 즉, 더 큰 인간다움을 요구하고 있고 그래야만 지속적인 경쟁우위에 설 수 있다는 진리는 반박할 수 없게 되었다.

결국, 개인과 조직은 개인을 둘러싼 내 · 외적 환경 모두에 관여해 기계우위의 인간과 기계와 공존하는 인간을 양성해내는 것에 초점이 맞춰져야 한다.

다시 말해, 진정 경쟁력 있는 인간은 기계우위의 인간, 즉, 기계가 할 수 없는 것들을 생각해내고 실행해 기계와 더불어 공존하는 인간을 말한다.

'인간만이 할 수 있는 = 인간다운'이 바로 경쟁력의 키(Key)이며 이것은 창의와 Wisdom로 귀결될 수 있는데 지혜(Wisdom)는 곧 창의(Creativity)와 같은 개념이다(Tom Lombardo, 2009).

제레미 리프킨 역시 IOT의 성장과 함께 우리는 에너지와 발전, 통신, 제조, 서비스 등의 분야에서 군림하던 거대 기업들의 궤멸을 차례차례 목도할 것이라 경고하며 이러한 광범위한 경제적 변화는 인간의 의식 자체에 훨씬 더 심오한 변화를 초래할 것을 말하고 있다. 벌써 새로운 경제 패러다임으로 인해 인간본연의 본성을 전면적으로 다시 생각해 보도록 요구받기 시작했으며, 이에 따라 인간을 둘러싼 인간과 모든 것과의 관계, 나아가 인간과 지구와의 관계를 인식하는 방식에까지 근본적인 변화가 일고 있다고 말하고 있다.

또한 위대한 미국의 혁명가 토머스 페인은 일찍이 '모든 시대와 모든 세대는 독자적으로 움직일 자유가 있다.'라고 말하고 있는데 여기서 말하는 자유란, 즉, 인터넷 세대에게 자유란 피어투피어(Peer to Peer)세계에서 타인과 제한없이 협업하는 능력을 말하며 이러한 능력이 곧 개인의 경쟁력이며 정신적 능력에서 비롯되는 관계의 능력이라 할 수 있다.

예측불가, 불확실한 현실과 미래는 예상보다 훨씬 참담할 수도, 훨씬 성장할 수도 있다. 기계의 편리함의 성장이 물질적 풍요와 함께 인간성의 참담을 초래할지 모르며 물질적 풍요가 가져오는 경제적 빈곤층으로 인해 물질적 참담과 삶에 대한 자기탐구, 자신의 안녕에 대한 집단적 존재론적인 질문으로 이어져 인간성의 본연으로의 탐구가 풍요로워질지 모른다. 아니, 그럴 것이다.

인간이 만들어놓은, 만들고 있는, 만들어갈 풍요의 시대, 편리함의 시대가 급속한 발전을 이루는 것과 동시에 인간 스스로가 공유하고 공감하고 자기애를 지키고자 하는 강력한 파워 역시 급격하게 요구되고, 발전하고 있다는 것이다.

IOT로 인한 사회의 급변과 새로운 혁신의 시대의 도약. 즉, 기계와 함께 해야 하는 사회의 변화와 성장에 있어 지속적인 경쟁우위의 인재양성은 결국, 진정 '인간다운', 즉, 'Wisdom한' 인간이어야 한다. 이는 대립과 모순의 개념을 둘 다 metaphorize함으로써 서로에게 의미를 부여한다는 탈구축(Derrida, 1996)의 관점을 제공한다. 다시 말해 Wisdom한 인간의 정신체계 구축에 있어 이중성을 배제하고 Wisdom을 지닌 합리적인 관점을 이끌 수 있다.

기계를 아는 지식과 함께 인간으로서의 성장인 Wisdom이 병행되어야 하기에 이제는 교육의 전반에 걸쳐 Wisdom의 학습은 더 이상 피할 수 없는, 피해서는 안 될, 그리고 미뤄서도 안되는 핵심 변수가 되어야 한다.

이제는 다른 차원으로의 거시적 관점이 필요하다. 인간과 기계, 지구와 우주, 나와 너, 독자와 협력, 생존과 존재가치, 자본주의와 협력사회 등 대립점이자 연속선상에 위치한 것들이 공존하는 시대에서 협력하며 성장해야 할 때다.

삶을 잘 살아내기 위해, 삶이란 도구를 사용하는 인간인 내가 지속적인 행복을 갖기 위해, 내가 살아야 하는 삶의 환경의 현재와 미래를 통찰할 수 있어야 하고 통찰을 할 수 있는 능력을 키워야 한다.

결국, 이런 의미에서 이분법에 가려진 배제된 사고를 하는 'W 트레이닝'은 사고의 확장을 가져오고 통찰을 이끌어 낼 수 있는 것이다.

사람이 사람답게 사는 것.

바로 그것은 내가 내 삶을 자유롭게 진두지휘하며 타인과 더불어 환경 속에서 유능한 인간으로 살아나가는 것이다.

바로 지금, 우리는 우리가 처한 환경, 즉, 현실을 직시하고 이제는 나도 모르게 탄탄하게 굳어져버린 나의 인식의 한계를 과감하게 넘어서야 할 때이며 인식의 한계에 가려진 편협과 자기해석으로 살아왔던 자신을 직시해야 할 때다.

인식의 한계를 넘어선 세상은 다양한 관점이 존재할 것이며 이러한 관점들이 보여질 때 사회는 소통되고 소통이 되면 융화되고 융합되어 다양성이 존재하는 하나됨이 가능할 것이기 때문이다.

하나가 없이는 열을 가질 수 없다.

내가 해야 할 것을 하지 않고는 하고 싶은 것을 할 수 없다.

결국, 내가 내 인식에 한계가 있었음을 알아야 한계를 뛰어넘는 노력을 할 것이고 한계에서 벗어나야 다양한 관점과 조우할 것이며 이러한 조우가 이뤄져야 IOT시대의 자유로운 소통이 가능하고 이것이 바로 자신의 경쟁력이 되어 유능한 인간이 되는, 즉, 독립적이면서도 함께 소통할 수 있는 의존적인 인간으로 성장할 수 있는 것이다.

'W Thinking'은 바로 그 시작이다.